汉 ◎ 语 ◎ 教 ◎ 学 ◎ 名 ◎ 家 ◎ 讲 ◎ 坛 ◎

门外偶得集

（第三版）

■ 王还 著 ■

北京语言大学出版社
BEIJING LANGUAGE AND CULTURE
UNIVERSITY PRESS

图书在版编目 (CIP) 数据

门外偶得集 / 王还著. — 3版 — 北京：北京语
言大学出版社，2012.12
ISBN 978-7-5619-3437-1

Ⅰ. ①门… Ⅱ. ①王… Ⅲ. ①对外汉语教学—教学研
究—文集 Ⅳ. ①H195-53

中国版本图书馆 CIP 数据核字（2012）第 310186 号

书　　名：门外偶得集
　　　　　MEN WAI OU DE JI
责任编辑：徐　雁
责任印制：汪学发

出版发行：北京语言大学出版社
　　　　　BEIJING LANGUAGE AND CULTURE
　　　　　UNIVERSITY PRESS
社　　址：北京市海淀区学院路 15 号　　邮政编码：100083
网　　址：www.blcup.com
电　　话：发行部　010-82303650 / 3591 / 3651
　　　　　编辑部　010-82303647 / 3592 / 3395
　　　　　读者服务部　010-82303653 / 3908
　　　　　网上订购电话　010-82303668
　　　　　客户服务信箱　service@blcup.com
印　　刷：北京中科印刷有限公司
经　　销：全国新华书店

版　　次：2012 年 12 月第 3 版　　2012 年 12 月第 1 次印刷
开　　本：787 毫米×1092 毫米　　1/16　　印张：13
字　　数：196 千字
书　　号：ISBN 978-7-5619-3437-1 / H·12227
定　　价：38.00 元

凡有印装质量问题，本社负责调换。电话：010-82303590

第三版出版说明

本书为北京语言大学教授王还先生的遗著。1987年我社出版了第一版，收入王还先生论文16篇及作者自序。1994年我社出版了此书的增订本，增补王还先生的论文14篇及朱德熙先生的《读王还〈门外偶得集〉书后》一文代序。2012年5月7日，王还先生仙逝，为纪念先生在对外汉语教学领域的卓越贡献，特出版第三版，并请赵金铭先生作序。

本书收入"汉语教学名家讲坛"书系，并经王还先生的儿子杨选先生提议与授权，收入王还先生的著名语言研究作品《"把"字句与"被"字句》一文。

北京语言大学出版社
2012年11月

目 录

自 序
（第一版）

　　我原是学英语的。但并不是因为我对英语或英国文学有多大兴趣，只是因为入大学必须选个专业而已。我也从来没有想过会对汉语语法发生兴趣，只是由于偶然的机会去英国教现代汉语，从而大大出乎意料之外地窥见汉语中的奇妙世界。我发现对我掌握纯熟的自己的母语竟有如此之多的不知其所以然之处，而在当时的语法著作中也找不到解释。我又发现从现实的语言现象中去探索规律是一件很有意思的事。于是从兴趣出发，通过教学实践，把零星发现的一些有规律性的心得陆续写成了几篇文章。

　　要想真正登堂入室从事语法研究，我得补课，补语言各方面的基础课。可是我的惰性很大，缺乏毅力，基础课一直没补，所以至今还是个门外汉。研究成果只限于这点点滴滴的几篇。如果说还值得成为一个集子，只是因为代表了对外汉语教学这门新学科早期的一些微薄成果。价值不大，但究竟是一个冷门的研究成果。

　　对外汉语教学是一门亟待发扬光大的学科。作为中国人，去研究发展对外汉语教学是我们责无旁贷的任务。世界的形势在逼迫我们去挑起这副重担。如果在汉语本身和汉语作为外语的教学法研究方面，在汉语教材的编写方面，在汉外词典的编纂方面，我们无所建树，这将是我们的耻辱。我虽然在三十年前已经认识到这一点，但是惭愧，行动还是没有跟上。现在比我更有资格从事这项工作的人多起来了，也已经有了更系统更有价值的研究成果。新的专门人才正在成长。我们的事业是充满希望的，今后必将有更多的更有价值的研究著作问世。

王 还

作者说对语言学她至今仍是门外汉。这是谦辞，其实门内门外并无截然的界限。再说要是真能站在门外倒也有某种好处。俗话不是说"旁观者清，当局者迷"嘛。

收在这个集子里的文章都不算长，可是从里头可以看到作者对语言的敏锐的感觉以及她在分析一些语法现象时的精细独到之处。例如她说"追得我直喘"这种句子有歧义。其中的"我"对于动词"追"来说，可能是施事，也可能是受事。如果是施事，这个句子可以转化为"我追得直喘"。如果是受事，就不能这样转化。可是不论是施事还是受事，都能转化为"把我追得直喘"。（《汉语结果补语的一些特点》）作者在讨论"都"的用例时也有很精彩的议论，这段话不容易转述，不如干脆照抄原文：

"我把馒头都吃了。"也可能是一个馒头，也可能是三个馒头。如果是一个，"都"就表示全部；如果是几个，"都"就表示其中的每一个。看起来，一般认为"都"表示"总括全部"这种说法，用在复数的事物上不太准确，容易使人认为是指复数事物的全体。而事实证明，"都"就是不能代替全体。外国留学生的错误句子："这是我们都送的花圈。"目的是想说："这是我们全体送的花圈"，"花圈"只有一个，而"我们都送了花圈"是每人送一个，有几个人就有几个花圈。但是用在抽象的事物上，"这是我们都知道的事"，一件事完全可以为每一个人所知道，自然这句子也就是正确的。如果每个人送一个花圈，"花圈"是复数时，自然我们又可以用上"都"："这些都是我们送的花圈。"同样，如果有几个人共同经营一个商店，不能说："我们都经营一个商店。"如果这样说，意思和"我们都经营商店"意思一样，那就是每人经营一个商店。我们只能说："我们共同经营一个商店。"

（《"ALL"与"都"》）

研究语法的人有一种危险，就是很容易陷入一些语法概念里头去，在里头来回转圈子，忘记了研究的目的是什么。本书作者是为了教外国人汉语才开始研究汉语语法的。她的研究工作始终联系教学实际，所以一直能保持清醒的头脑、明确的目标。无论是从正面研究汉语句式的虚词用例，还是对比英汉语法的异同，都能抓住问题的实质，不抠概念，不发空论。这一点可以从这部论文集里看得很清楚。

我跟作者相识近四十年，而且她又是跟我讨论语法问题最多的几个人之一。据我所知，她在某些句式和词语（包括虚词和实词）的用法上有很多很好的意见，可惜都没有写出来。我希望作者不要采取"述而不作"的态度，为我们写出第二、第三部论文集来。

朱德熙

（原题为《读王还〈门外偶得集〉书后》，
原载《语言教学与研究》1998 年第 2 期）

重读王还先生《门外偶得集》抒怀

——《门外偶得集》第三版代序

今年五月，王还先生以 96 岁遐龄往生，在告别仪式上，一位老师手持先生的遗著《门外偶得集》送别先生，此情此景，一直萦绕在我胸中。回舍下，翻出大作再学，重温先生对对外汉语教学学科的深刻认识，沿着先生科学研究走过的履痕，领略先生的远见卓识，深邃见解，收获良多。前不久，北京语言大学出版社张健总编告诉我，社里决定重新出版遗著，嘱我写一篇纪念先生的文字。我才疏学浅，不能传颂先生学识与人品于万一，只能聊抒情怀，以慰往者。

王还先生是我国对外汉语教学史上仅有的几位先行者之一。先生 1938 年毕业于清华大学外语系，抗战期间任教于昆明西南联合大学，1947 年应聘赴英国剑桥大学教授汉语，1950 年回国后，一直从事对外汉语教学，并潜心于汉语语法研究。几十年辛勤耕耘，成绩斐然，贡献卓著。

人生多有机缘。就是这个偶然去英国教汉语的机会，使先生"大大出乎意料之外地窥见汉语中的奇妙世界"。先生兴奋地说："我发现对我掌握纯熟的自己的母语竟有如此之多的不知其所以然之处，而在当时的语法著作中也找不到解释。我又发现从现实的语言现象中去探索规律是一件很有意思的事。"[①]吕叔湘先生也说过，"语言之妙，妙不可言"，正是如出一辙。于是先生从兴趣出发，为了教外国人汉语，联系教学实际，秉承明确的研究目的，始终保持着清醒的头脑。选取教学中遇到的语法问题，探微发幽，不尚空谈。先生的研究独辟蹊径，带有明显的应用色彩，研究的问题都不是什么体系性的大问题，小处着手，大处着眼，于细微之处见精神。

朱德熙先生对此有中肯的评述：从王先生的文章中"可以看到作者对语言的敏锐的感觉以及她在分析一些语法现象时的精细独到之处"。②比如书中有关结果补语的论述，以"追得我直喘"为例，运用变换分析，化解了句式的歧义。又如对"得"后补语的处理，有关动词重叠的见解，对"在"和"再"，"就"和"才"的认识，等等。对这些所谓的小问题，先生以求实坦诚的态度认真地加以科学研究，正是这些研究课题，有效地解决了对外汉语教学中亟待解决的一些问题。

然而不少人却忽视了这些问题，正如吕叔湘先生所说，他们"忘了这个和那个词语的用法（在句子里的作用），这个和那个格式的用法（适用的场合）和变化（加减其中的成分，变换其中的次序，等等），忘了这些也都是语法研究的课题。这方面的研究，过去是很不够的，这种研究看上去好像琐碎，好像'无关宏旨'，实际上极其重要"。③旨哉斯言。

在审慎研究的基础上，如何对外国人进行语法教学，王先生主要考虑的是方便和实用。在一些有争议的语法问题的处理上采取灵活、稳妥的办法。比如"得"的补语，既是语义的重点，又带有谓语性。先生认为，解释为谓语，外国学生容易接受。因为有些外语，至少英语，没有这种补语。但是，先生还认为，一定要把其特点讲清楚，即使算谓语，也和一般谓语不同。自成一类，或算做谓语大类下的一小类并不重要，因为对外国学生来说都差不多。

对外汉语教学中，教什么，学什么，如何学，怎样教，一直是研究的首要问题。早在1984年，先生寄语青年教师时，就非常明确地指出，从外国学生角度讲，他们学的是语言本身，并不是关于语言的理论知识。但是，作为一个教师如果没有理论知识，仅仅会说地道的汉语，是不够的。道理在于，学生犯的错误是各种各样的，仅仅指出错误加以纠正而不能说出原因，统统归之于"不合习惯"，在学生面前是树立不起威信来的。④

如今，三十年过往，对外汉语教学获得长足发展，教师人数成倍增长，汉语正加快走向世界，然而模糊认识依然存在。在教师培养和培训中有一种淡化理论，削弱学术，不太注重对汉语本身的理解与认识，过于注重方法的倾向，实应引起关注。重温先生的教诲，今天依然具有现实意义。

王先生虽以研究服务于对外汉语教学的语法著称，认为这是汉语教师的立身之本，同时，先生又十分注重汉语教学方法的研究，特别是体现汉语特点的汉语教学方法的研究。1984年，先生曾说，汉语教学法和其他语言作为外语的教学法必然有许多相同的地方，也必然会有教汉语的独特的地方。随之就以一系列提问或反问的方式，阐释了汉语教法的重要。

"我们每个教员都可以问问自己：

是否研究过教学法？

自己的教学是以什么理论为指导的？

世界上现在语言教学都有哪些先进的方法？

我们可曾有意识地把它们运用到汉语教学中来？

又有哪些地方是不可取的，我们应有意识地避开？

怎样教汉语才算教得最科学？

这些问题难道不是一个合格的汉语教员应该能够回答的吗？

这里不是有大量的学问需要学习，有大量的未知的理论需要探索的吗？"[5]

先生针对学界中存在的问题，循循善诱，勉励青年学子。先生有惑而问，问中有见解，问得有道理。问题即是研究课题。今天各种教学法风靡一时，或曰"后教学法时代"已经来临，我们更应保持清醒的头脑。吸取世界上流行的语言教学法的合理内核，摈弃其不尽妥当的地方，探讨体现汉语特点的汉语作为外语教学法，依然是当务之急。

先生对汉语语法的深刻认识，在对外汉语教学中所采用的反映汉语特点的教学方法，是基于对语言本身的理解和对汉语的深刻认识，而这种理解和认识是建立在语言对比基础之上的。先生学习英语出身，教过多年英语，又是对外汉语教学的开山前辈。汉英两种语言纯熟于心中，故又成为一代汉英语言对比大家。先生曾说：

"讨论两种语言在某一点上的异同的文章往往是为教学服务的，而且是一种很有效的方法，因为成年人学外语，自觉或不自觉地总不可避免地和自己的母语或另一种外语比较。作为外语教学工作者若能正确引导学习者进行对比，无疑对学习是很有帮助的。"⑥在汉外对比方面，可奉为典范的论文当属于《"ALL"与"都"》。"都"虽是汉语中一个常用副词，却是外国人学习的一个难点，论文揭示了汉语"都"与英语"ALL"的根本区别，分析细密精到，具有方法论的意义。

诚然，更具有理论指导意义的当是如何比较，先生特别指出，不能"有意无意地想'削'汉语语法之'足'以'适'英语语法之'履'。若想根本解决问题，还在于深入细致地研究汉语语法，把其中的一切规律挖掘出来"。先生如是说，率先垂范，亦如是做。

学术上的精研，见地的邃密，数十年的坚守，源于对汉语作为外语教学学科的科学认识，内中浸透着对国家和民族事业的热爱与忠诚。对外汉语教学，亦即汉语作为第二语言／外语教学，是近几十年成长起来的新兴交叉学科，还需要不断成熟与完善，以取得社会的承认。先生"智者先于未萌"，早有预见，高瞻远瞩，身体力行，为学科的建立与确立大声疾呼，登高呐喊。

面对着社会上对对外汉语教学的模糊认识与误解，为确立汉语作为外语教学的学科地位，早在上世纪 80 年代，先生就从教语言的角度断言："同是教语言，何以教自己掌握得不那么好的语言就是一门科学，值得去做，而教自己掌握得很好的语言就不算什么，不值得去做呢？如果教外语是一门学科，我们教汉语就是作为一种外语来教，自然也就是一门学科。"而如何证明给世人看，对外汉语教学大有可为，先生语重心长地说："问题在于教师们如何对待自己的工作。"

1987 年，在该书初版序言中，先生回首往事，信念更加坚定，使命感与责任感更加强烈。坚信对外汉语教学是一门亟待发扬光大的学科，去研究发展对外汉语教学是我们责无旁贷的任务，世界的形势在逼迫我们去挑起这副重担。

先生的认识还要更超前，大约在上世纪五十年代，先生就已经认识到，我们身为对外汉语教师，"如果在汉语本身和汉语作为外语的教学法研究方面，在汉语教材的编写方面，在汉外词典的编纂方面，我们无所建树，这将是我们的耻辱"。⑦这里"耻辱"二字，分量很重。在国际汉语教育蓬勃发展的今天，检视对外汉语教学界在汉语本身、汉语教学法、汉语教材编写以及汉语外语词典编纂四方面所取得的成绩，虽也颇为可观，倘论其在国际第二语言教学界的地位和影响，我们实应感到赧然。

回顾先生的学术成就，缅怀先生学术研究的心路历程，心中充满钦佩与敬仰之情。先生在学科建设上，高瞻远瞩，立意高远。在词频统计与汉外辞典编纂方面，洵为鸿篇巨制。而留给我们的研究性成果《门外偶得集》从1987年初版，到1994年出版增订本，不过15万多字，篇幅不长，内中确多为的论。大音希声，更为可贵。先生以其资之深，识之广，见之透，研究汉语语法，编写汉外词典与汉语教材，指示教学法路径，引领汉外语言对比，左右逢其源，先生的著述成为对外汉语教学界的宝贵财富。先生的人品成为我们学习的楷模。

先生远去了，哲人其萎，留给我们的是绵长的缅怀与追忆。

赵金铭

附注：

① 王还，《门外偶得集·序》，1987年北京语言学院出版社初版，1994年北京语言学院出版社增订本。

② 朱德熙，《门外偶得集·代序》（增订本），北京语言学院出版社，1994年出版。

③ 吕叔湘，《汉语语法分析问题·前言》，商务印书馆，1979年出版。

④ 王还，和青年教师谈谈对外汉语教学，中国教育学会对外汉语教学研究会会刊《对外汉语教学》，1984年第4期。

⑤ 王还，和青年教师谈谈对外汉语教学，中国教育学会对外汉语教学研究会会刊《对外汉语教学》，1984年第4期。

⑥ 王还主编，《汉英对比论文集·前言》，北京语言学院出版社，1993年出版。

⑦ 王还，《门外偶得集·序》，1987年北京语言学院出版社初版，1994年北京语言学院出版社增订本。

汉语结果补语的一些特点[*]

所谓结果补语就是补语前有"得"而不表示可能的。一般语法书称之为程度补语。其实结果补语这名称更为确切，因为它确实是说明动词所代表的动作的结果的。本文的目的不是给它定名称，就姑且叫它结果补语吧。

带这种补语的句子的基本句式有三种：

A. 体词——动词＋"得"——补语

B. 动词＋"得"——体词——补语

C. "把"＋体词——动词＋"得"——补语

A 式里有一部分可以转化为 B 式和 C 式，有一部分只能转化为 C 式，不能转化为 B 式，还有一部分既不能转化为 B 式，也不能转化为 C 式。另外也有一种句式只有B式和C式，而没有相应的A式。如果补语是主谓结构，句式的转化就更为复杂，这一点留到最后谈。

决定这三类句式之间转化关系的因素有以下三方面：

（1）体词在意念上是施事、受事还是工具。

（2）动词的类别：是动作性的（及物或不及物），是变化性的（不及物），还是表示感情或感觉的（不及物）。^①

（3）补语是说明主语的，是说明宾语的，还是说明动词的；是形容词性的，还是动词性的。^②

现在我们以 A 式为出发点来看 A、B、C 三种句式之间的转化关系。A 式由于上面各种因素的不同可以分为三组九类。我们一组一组地来讨论：

I 1. 小李装得没事人似的。

这些鹿变得很驯服了。

---

[*] 本文系参加第十二届国际汉藏语言学会议（1979 年，巴黎）的论文。

好好一根绳子折得一截一截的。

冰化得一点都没有了。

　　体词：施事主语

　　动词：变化性不及物

　　补语：说明主语

Ⅰ 2. 情况变得快极了。

雨下得烦死人了。

屋里热得受不了。

乌龟爬得真慢。

大家都可以住得很舒服。

她（像她母亲）像得要命。

小李（洗衣服）洗得很快。

　　体词：施事主语

　　动词：及物或不及物

　　补语：说明动词

Ⅰ 3. 小李（洗衣服）洗得很干净。

老鼠（挖洞）挖得很深。

水（泡木头）泡得都涨了。

　　体词：施事主语

　　动词：及物

　　补语：说明动词的宾语，宾语可能不出现

Ⅰ 4. 算盘算得相当快。③

缝衣机缝得很结实。

这副毛衣针织得比较松。

插秧机插得不怎么快。

　　体词：工具主语

　　动词：及物

补语：说明动词或宾语（可能不出现）

Ⅰ 1—4 是不能转化为 B 式和 C 式的：

B 式：× 装得小李没事人似的。

　　　× 变得情况快极了。

　　　× 洗得小李很干净。

　　　× 算得算盘相当快。

C 式：× 把小李装得没事人似的。

　　　× 把情况变得快极了。

　　　× 把小李洗得很干净。

　　　× 把算盘算得相当快。

Ⅱ 1. 我走得挺累。

　　　他愁得吃不下饭。

　　　她热得满头大汗。④

　　　马跑得都瘸了。

　　　老张（教书）教得很得意。

　　　羊（吃青草）吃得很肥。

　　　　　体词：施事主语

　　　　　动词：动作性或表示感情或感觉的

　　　　　补语：说明主语

Ⅱ 2. 桌面擦得能照见人。

　　　木头泡得都涨了。

　　　衣服洗得发白。

　　　窗户刮得直响。

　　　马赶得直跑。

　　　小孩儿逗得嘎嘎地笑。

　　　　　体词：受事主语

　　　　　动词：及物

补语：动词性的，说明主语

Ⅱ 3. 铅笔写得只剩一小截了。

肥皂洗得都没了。

橡皮擦得挺脏的。

体词：工具主语

动词：及物

补语：说明主语

Ⅱ 1—3 是既可以转化为 B 式，又可以转化为 C 式的：

B 式：走得我挺累。

擦得桌面能照见人。

写得铅笔只剩一小截了。

C 式：把我走得挺累。

把桌面擦得能照见人。

把铅笔写得只剩一小截了。

关于这组句式的转化要注意以下几点：

（1）转化为 B 式后，原来充任主语的体词转化为动词＋"得"的宾语，而同时又能和后面的补语构成主谓关系。从这一点上说，可以解释为兼语式。

（2）如果Ⅱ 1 的动词是及物的，那这类句式转化为 B 式或 C 式时，还可以把动词的宾语放在句首充任主语。这时，主语反而是受事，而宾语反而是施事：

羊吃青草吃得很肥。

青草吃得羊很肥。

青草把羊吃得很肥。

张老师教这班学生教得累死了。

这班学生教得张老师累死了。

这班学生把张老师教得累死了。

但这是有条件的：原来的宾语必须是特指的。动宾结构中的宾语有时是泛指的，如"洗衣服"、"看书"、"吃东西"。所谓"洗衣服"不排除"洗床单"、"洗桌布"等等；"看书"不排除"看报"、"看杂志"等等；"吃东西"不排除"吃米饭"、"吃巧克力"等等。有时是特指的，"吃青草"排除"吃干草"、"吃混合饲料"等等。"这本书"、"那一大堆衣服"、"小说"等等也算特指的。只有特指的宾语才能转化为主语放在句首。例如：

　　× 草吃得羊很肥。

　　　青草吃得羊很肥。

　　× 饭吃得我太饱了。

　　　这顿饭吃得我太饱了。

（3）上面所说的这类句子，宾语如果是人时，若把宾语转化为主语放在句首，有时会改变全句的意思：

　　A 式：老张追老李追得直喘。

　　B 式：老李追得老张直喘。

　　C 式：老李把老张追得直喘。

A 式中本来是老张追老李，而转化为 B 式和 C 式时，却变成老李追老张了。所以只有像"张老师教这班学生教得累死了"这种转化后不会引起误解的句子，才能转化为 B 式或 C 式。

（4）Ⅱ1 中当动词是不及物的，转化为 B 式或 C 式，虽然句首没有主语，仍是完整的句子。不过有一些我们也可以在句首加上主语：

　　B 式：（山路）走得我挺累。

　　　　　（那件事）愁得他吃不下饭。

　　C 式：（山路）把我走得挺累。

　　　　　（那件事）把他愁得吃不下饭。

（5）Ⅱ2 和 Ⅱ3 两类转化成 B 式和 C 式时显然是省略了主语的句子，所以我们可以很自然地给它加上主语：

B 式：他擦得桌面能照见人。

　　　小李写得铅笔只剩一小截了。

C 式：他把桌面擦得能照见人。

　　　小李把铅笔写得只剩一小截了。

Ⅲ 1. 衣服洗得很干净。

　　　猪喂得非常肥。

　　　城围得铁桶一般。

　　　　　体词：受事主语

　　　　　动词：及物

　　　　　补语：形容词性的，说明主语

Ⅲ 2. 衣服洗得很快。

　　　房子打扫得很彻底。

　　　猪喂得很勤。

　　　这条缝焊得很结实。

　　　　　体词：受事主语

　　　　　动词：及物

　　　　　补语：说明动词

　　Ⅲ 1、Ⅲ 2 只能转化为 C 式，不能转化为 B 式。Ⅲ 1 如转化为 B 式："洗 de 衣服很干净"只能理解为"洗的衣服很干净"，不能理解为"洗得衣服很干净"。

　　B 式：× 洗得衣服很快。

　　C 式：　把衣服洗得很干净。

　　　　　　把衣服洗得很快。

　　这两类句子转化为 C 式后，跟Ⅱ 2、Ⅱ 3 一样，显然是省略了主语的句子，所以也可以很自然地补出主语来：

　　这种肥皂把衣服洗得很干净。

他把衣服洗得很快。

B 式中有一类句子，体词是人，是受事，补语是说明这人的：

笑得我很不好意思。

骂得小孩儿直哭。

这类句子只能转化为 C 式，而没有相应的 A 式。但是有时动词后的宾语是施事还是受事并不明确，是有歧义的句子：

追得我直喘。

如果"我"是施事，则可以转化为 A 式：

我追得直喘。

如果是受事，则不能。但不论施事或受事都可以转化为：

把我追得直喘。

这又是有歧义的句子。要靠别的语法手段来判断"我"究竟是施事还是受事：

他把我追得直喘。（受事）

我追他把我追得直喘。（施事）

现在再来看看这三组句式，当补语是主谓结构时，是什么情况。这时决定这三组句式之间转化关系的因素又多了一个，即主谓结构中的主语和句子体词的关系，是该体词的一部分，或从属于它的事物，还是和体词没有这种关系。

Ⅰ 1. 这个孩子长得眼睛越来越像他爸爸。

2. 雨下得大家烦死了。

3. 小李（做菜）做得味道很好。

4. 缝衣机缝得针脚很整齐。

Ⅱ 1. 我走得脚一瘸一拐的。

　　孩子们（吃桑葚）吃得舌头都紫了。

　2. 菜做得味道很好。

　3. 毛笔写得尖儿都秃了。

Ⅲ 1 这类和Ⅱ 2 不同之处在于补语是形容词性的，而主谓结构充任补语是动词性的，那就只有Ⅱ 2，而没有Ⅱ 1。

Ⅲ 2. 几句话说得他大笑起来。

Ⅰ 1—4 仍然是不能转化为 B 式和 C 式的。

B 式：× 长得这个孩子眼睛越来越像他爸爸。

　　　× 下得雨大家烦死了。

　　　× 做得小李味道很好。

　　　× 缝得缝衣机针脚很整齐。

C 式：× 把这个孩子长得眼睛越来越像他爸爸。

　　　× 把雨下得大家烦死了。

　　　× 把小李做得味道很好。

　　　× 把缝衣机缝得针脚很整齐。

关于这组句式主要注意以下两点：

（1）Ⅰ 1 中的主谓结构的主语必须是体词的一部分或从属于体词的事物。如果没有这种关系，就是Ⅰ 2 类。

（2）Ⅰ 3 中的主谓结构的主语如有可能被误解为体词（即全句的主语）的一部分，则这类句式就转化为Ⅱ 1 类：

　　小李（洗衣服）洗得纽扣都掉了。

人们不会认为是洗的衣服的纽扣掉了，而是小李身上穿的衣服的纽扣掉了，现在Ⅰ 3 中的"味道很好"就不可能使人发生这样的误解。

Ⅱ 1—3 仍然是可以转化为 B 式和 C 式的：

B 式：走得我脚一瘸一拐的。

（吃桑葚）吃得孩子们舌头都紫了。

做得菜味道很好。

写得毛笔尖儿都秃了。

C 式：把我走得脚一瘸一拐的。

（吃桑葚）把孩子们吃得舌头都紫了。

把菜做得味道很好。

把毛笔写得尖儿都秃了。

这组句式中的主谓结构的主语都是体词的一部分，或从属于它的事物。由于这一因素，Ⅱ 1 还可以转化成另外两类句式：

我脚走得一瘸一拐的。

我把脚走得一瘸一拐的。

孩子们（吃桑葚）舌头吃得都紫了。

孩子们（吃桑葚）把舌头吃得都紫了。

由于"桑葚"是特指的，又可以把它提到句首充任主语：

桑葚吃得孩子们舌头都紫了。

桑葚把孩子们吃得舌头都紫了。

桑葚把孩子们舌头吃得都紫了。

Ⅱ 2 和 Ⅱ 3 也和 Ⅱ 1 一样可以转化为另外两类句式：

菜味道做得很好。

把菜味道做得很好。

毛笔尖儿写得都秃了。

把毛笔尖儿写得都秃了。

Ⅲ 2 既不能转化为 B 式，也不能转化为 C 式：

　　B 式：× 说得几句话他大笑起来。
　　C 式：× 把几句话说得他大笑起来。

但是却可以转化为 C 式前面加主语，而这时主谓结构的主语变成"把"的宾语了：

　　几句话把他说得大笑起来。

　　前面谈到的 B 式中的"笑得我很不好意思"这类句子，如果补语是主谓结构，如"逼得他几亩地都卖了"，也是只能转化为C式而不能转化为A式的：

　　A 式：× 他逼得几亩地都卖了。
　　C 式：　把他逼得几亩地都卖了。

又是由于主谓结构的主语是体词的一部分或从属于它的事物，又可以转化为一种句式：

　　把他几亩地逼得都卖了。

和"笑得我很不好意思"一样，这种句式当补语是主谓结构时，歧义现象仍可能发生：

　　笑得我脸通红。
　　把我笑得脸通红。

这两句里的"我"可能是施事，也可能是受事。要靠别的语法手段来断定究竟是哪一个。

　　他笑得我脸通红。（受事）
　　他把我笑得脸通红。（受事）
　　这个笑话笑得我脸通红。（施事）
　　这个笑话把我笑得脸通红。（施事）

　　由上面的分析看来，决定句式变化的三项因素中，总的说来，以补语的功能最为关键。凡是补语说明主语的，句式变化就多，而补语说明宾语或动词的，句式变化就少。另外，施事、受事、工具在句中的位置是非常灵活的。只要不会引起误解，施事完全可以成为宾语，而受事可以成为主语。这恐怕是这些带结果补语的句子最为突出的特点。

附注：

　　①动词的类别不止变化性、动作性、表示感情或感觉三类。但为了说明这篇文章要说明的问题，只要区分出这三类就够了。所谓变化性不及物动词，其施事必然起变化，如"变"、"长"、"装（伪装）"、"化"、"死"等等。

　　②补语大致可以分为形容词性的和动词性的两种。形容词性的是指那些以形容词为主的结构。动词性的指以动词为主的结构。主谓结构属动词性的。成语分属形容词性和动词性两种。

　　③所谓工具主语和后面的动词有很大关系。"算盘"对动词"算"来说是工具，但如果动词换为"打"，"算盘打得相当快"，"算盘"就不是工具主语，而是受事主语了。

　　④主语限于人或动物，否则就是Ⅰ2类。

（原载《语言教学与研究》1979 年第 2 期）

"得"后的补语

　　去年 8 月举行的第三届国际汉语教学讨论会，参加的论文中有一篇叫做《"得"字后边是补语吗》，作者是在日本立正大学任教的董黎民老师。作者的主要意思是像"说得很好了"这样的结构不是动补结构，而是主谓结构。

　　作者认为如果"说得很好"是动补结构，那么有这种结构的句子就是动词谓语句，而动词谓语句是叙述谁干什么的。"他中文说得很好"并不是叙述他说中文，而是表示他的中文怎么样。而回答怎么样的句子是形容词谓语句。有动补结构的确实是回答怎么样的句子。我们不要以为有了动补结构，句子的中心词就是动词，就是动词谓语句，这样就大大低估了"得"后补语的作用。

　　《现代汉语语法讲话》67 页上说"补语多少带有谓语的性质，在句子里的地位比修饰重要些"。这句话说得还是比较客气。其实"得"后的补语往往是句子意义的重点。有的语法书把这种补语叫做程度补语，虽然不一定都是表示程度的，比如：

　　1. 小姑娘长得很好看。

但有很多确实是说明程度的：

　　2. 我们笑得腰都直不起来了。
　　3. 他气得三天没吃饭。
　　4. 他嚷嚷得四邻不安。

　　例 1 是说明长得怎么样，这里"长"这个动词简直不起什么作用。翻成外语，至少英语，根本翻不出来。句子的重点是"小姑娘很好看"。例 2、3、4 很明显都是说明程度的。这四个句子都是回答怎么样的。是描写性的，有形容词谓语句的性质。

也许有人认为，既然补语带有谓语性质，又是句子意义的重点，何必不干脆把它算做谓语呢？尤其是在对外汉语教学中，把它解释为谓语，外国学生容易接受，因为有些外语，至少英语，没有这种补语。当然，这样也未必不可，只是也得把特点讲明，算为谓语中的一类，和一般谓语不同。反正得自成一类。至于是一大类下面的一小类，还是干脆自成一类，对外国学生来说都差不多。就要看怎样更合理了。主谓结构固然有时也可以做句子的谓语，但它的主要语法功能是独立成句。如果把动补算做主谓，就是说明这种主谓几乎永远不独立成句，主要作用是做句子的谓语。而动补结构这名称把它归入动词结构，做谓语就更顺理成章了。

另外，主谓结构中的主语一般是谓语的陈述对象。在"我们笑得腰都直不起来了"中"腰都直不起来了"陈述的是"我们"而不是"笑"，而且作者所举的例子"他买的"固然很像是名词概念，可是像"我们笑得"、"他气得"、"他嚷嚷得"，用作者自己的话说，"在汉民族下意识的口语使用中"都不像是名词概念。

汉语的这种动补结构是一种很简洁的表达形式，很有特色。用外语表达起来，可能要复杂很多，得加上许多话，得说："我们笑到如此地步，以至腰都直不起来了。"

让我们保留这个有特色的结构特有的名称"动补结构"吧！

（原载《世界汉语教学》1991 年第 1 期）

"把"字句和"被"字句

一 "把"字句各家的说法

现代汉语里一般有主语、谓语、宾语的句子，这些句子成分的次序往往是"主语——谓语——宾语"。但是如果一句话用了"把"字，这个次序就变成"主语——'把'——宾语——谓语"。那么为什么要费这个事加上一个"把"字，把句子成分颠倒一番呢？什么时候我们必须这样做？什么时候不能这样做？什么时候这样做也行，不这样做也行？特别是一个可用可不用"把"字的句子，究竟是在任何场合都可用可不用呢，还是在某些场合要用"把"，在另外一些场合又不用呢？为了说清楚这些问题，这里先把几位语法学家的说法简单地叙述一下。至于用法跟"把"字相同的"将"字，除了不及"把"字口语化以外，实在没有什么区别，就不用另外讲了。

王力先生管"把"字句叫处置式，他说："处置式是把人怎样安排，怎样支使，怎样对付；或把物怎样处理，或把事情怎样进行。它既然专为处置而设，如果行为不带外置性质，就不能用处置式。"①王先生还指出"把"字句的谓语动词前面不能加否定词，并举出不能用"把"的五种情况：

（1）叙述词（按即谓语动词——笔者）所表示者系一种精神行为，例如"我爱他"不能转成"我把他爱"。

（2）叙述词所表示者系一种感受现象，例如"我看见他"不能转成"我把他看见"。

（3）叙述词所表示的行为并不能使目的语（按即宾语——笔者）所表示的事物变更其状况，例如"我上楼"不能转成"我把楼上"。

（4）叙述词所表示的行为，系一种意外的遭遇，例如"我拾了一块手帕"不能转成"我把一块手帕拾了"。

（5）叙述词系"有、在"一类字者，例如"我有钱"不能转成"我把钱有"，"他在家"不能转成"他把家在"。②

　　然后王先生又从意义与形式两方面来谈处置式，认为处置式的语意重些，"在形式上，处置式所受的限制也比普通主动句所受的限制较严。一个简单的叙述词及其目的位决不能加上'把'字，转成处置式"。③他说普通口语里的处置式，必须合于下列五个条件之一：

　　1. 处置式叙述词的后面有末品补语（按作者这里所指的末品补语，大致相当于初中课本《汉语》所说的做补语的动词和表示动词的变化的趋向动词——笔者）或形容语，以表示处置的结果。例如：

　　（A）紫鹃又把镯子连袖子轻轻的褪上。　　　（《红楼梦》，第八三回）
　　（B）把酒烫得滚热的拿来。　　　　　　　　（又，第三八回）

　　2. 处置式叙述词的前面或后面有表示处所的末品谓语形式（按大致相当于初中课本《汉语》所说的做状语或补语的介词结构——笔者）。例如：

　　（C）晴雯伸手把宝玉的袄儿往自己身上拉。　　（又，第七七回）
　　（D）把你林姑娘暂安置在碧纱橱里。　　　　　（又，第三回）

　　3. 处置式叙述词后面有关系位（按大致相当于初中课本《汉语》所说的近宾语——笔者）。例如：

　　（E）把那条还我吧。　　　　　　　　　　　　（又，第四六回）

　　4. 处置式叙述词后面有数量末品（按大致相当于初中课本《汉语》所说的做补语的数量词——笔者）。例如：

　　（F）我把他打了一顿。
　　（G）我把那门敲了三下。

　　5. 处置式里有情貌的表示（按指用时态助词表示动作的时态，或重叠动词加"一"字表示动作的短促之类——笔者）。例如：

（H）由着奴才们把一族中主子都得罪了。　　　　　（又，第七一回）

（I）他把书老拿着。

（J）把头也另梳一梳。　　　　　　　　　　　　（又，第四四回）

王力先生由此得出下面的结论："处置式不适宜于表示太简单的思想……"④

此外王先生又指出一种称做"继事式"的句子，认为是处置式的一种转化。他说："继事式并不表示一种处置，只表示此事是受另一事影响而生的结果。它在形式上和处置式完全相同。"⑤举的是下边这几个例子：

（A）谁知接接连连许多事情就把你忘了。　　　（《红楼梦》，第二六回）

（B）把牙磕了，那时候才不演呢!　　　　　　（又，第二六回）

（C）你何必为我把自己失了?　　　　　　　　（又，第二九回）

（D）小红听了，不觉把脸一红。　　　　　　　（又，第二六回）

（E）偏又把凤丫头病了。　　　　　　　　　　（又，第七六回）

（F）怎么忽然把个晴雯姐姐也没了?　　　　　　（又，第七九回）

他认为这两种句子除了一种表示处置、一种不表示处置之外，还有下面两个大异点：

1. 精神行为（例A），感受现象（例D），意外的遭遇（例B，C），处置式所不能表示者，继事式却能表示。

2. 处置式的叙述词必须是及物动词（按即他动词——笔者），继事式则除用及物动词外，还可以用不及物动词（按即自动词——笔者），如例E，F。⑥

王先生在《中国现代语法》一书中把继事式叫做"处置式的活用"，并且指出这种活用中所说的往往是不好的或不由自主的事。

现在我们再说吕叔湘先生的看法。吕先生认为"把"字句可以从三方面来观察：动词本身的意义、宾语的性质、全句的格局。吕先生认为王力先生主要是从动词的意义来观察的，并且指出王先生所说的五种不能用"把"的情况里面，有1、3、4三种是不能成立的。关于这三种情况，吕先生都举出了相反的例证。⑦属于精神行为的例子是：

（A）这么一来，他可要把你恨透了。

（B）盼来盼去，总算把这一天盼到了。

（C）你把这句话再想想看。

属于不能使目的语所表示的事物改变状况的例子是：

（D）把三百级台阶一口气走完。

（E）你把这个留着自己用吧。

（F）把安老爷上下打量两眼。　　　　　　　（《儿女英雄传》，第三八回）

吕先生指出不能说"我把楼上"的原因是"上"跟"楼"的关系同一般的动词跟宾语的关系不一样，因为这种宾语有些像处所补足语。属于意外的遭遇的例子是：

（G）把日子误了。

（H）把机会错过了。

（I）把姑娘的东西丢了。　　　　　　　　　（《红楼梦》，第七三回）

（J）先把太太得罪了。　　　　　　　　　　　（又，第七四回）

吕先生认为"我把一块手帕拾了"之所以不能说，并不是因为是一种意外的遭遇，而是因为宾语是无定的。至于其他两种情况，以及现代汉语中"把"字后一般不能否定词的规律，吕先生是表示同意的，吕先生不赞成分立继事式和处置式两个名目，认为既然形式是一样的，如不把一个叫处置式，也就无须乎再立一个继事式的名目了。

　　吕先生的结论是：从动词的意义来观察，我们只能知道在哪些情况之下不能或不宜用"把"，而不能知道在哪些情况之下必须或宜于用"把"。[8]

　　然后吕先生从宾语的性质来谈"把"字句。他认为"把"字句中的宾语必须是有定的，并指出汉语中一个名词所代表的事物是否有定并不单由前面有没有"这、那"来决定，前面有"一个"或者"些、几"都可以表示有定。吕先生的结论是：从宾语的性质来观察，也只能知道如果宾语代表无定的事物时就不能用"把"，但是不能知道宾语代表有定的事物时哪些情况用"把"，哪些情况不用"把"。[9]

最后吕先生从全句的格局来观察"把"字句，认为我们应用"把"字句的主要原因，是动词之前或之后有了某些成分。他说："动词的处置意义，宾语的有定性，这些都是消极条件，只有这第三个条件——动词前后的成分——才具备积极的性质，才是近代汉语里发展这个'把'字句式的推动力。"[10]接着吕先生列举十三项用"把"字的句式，指出哪些是必须用"把"的，哪些是可用可不用的。[11]这里把这十三项重新安排，分做十五项，并合并为两大类（必须用的和可用可不用的），每一项摘录一两个原有的例句。

（一）必须用"把"的

（1）动词后有保留宾语——宾语和动词结合得很紧密，成一熟语

（A）一般的保留宾语

跑去把大门上了大闩。　　　　　　　　　　（《老残游记》，第五回）

他便把那话变了个相儿，倒问着人家说……

　　　　　　　　　　　　　　　　　　　（《儿女英雄传》，第一八回）

（B）保留宾语是结果宾语

把这情由细细写了个禀帖。　　　　　　　（《儒林外史》，第五回）

雨墨又把雨衣包了个小小包袱，背在肩头。　（《三侠五义》，第三四回）

（C）动词后的宾语属于前头的宾语

把一丈青拴了双手。　　　　　　　　　　（《水浒传》，第四八回）

有比他强的呢，就把他免了职。　　　　　　（老舍，《黑白李》）

（D）"把"后的宾语有点处所补语的意味

你把火盆里多添点炭。　　　　　　　　（《老残游记》，第一六回）

把壁炉生了火，要旺旺的。　　　　　　（冰心，《第一次宴会》）

（2）动词后有受事补语，而且宾语是有定的

（A）不用"给"字的

又把那小包袱仍交还他母女。　　　　　　（《儿女英雄传》，第一〇回）

（B）用"给"字的

你老子使了我五千银子，把你准折卖给我的。   （《红楼梦》，第八〇回）

（3）动词后有处所补语，而且宾语是有定的

你把心暂且用在这几本书上。   （《红楼梦》，第七三回）
将碟子挪在跟前。   （又，第七五回）

（4）动词后有不止一字的结果补语，它前面不加"得"字的

等我把原故说明白。   （《儿女英雄传》，第一六回）

（5）动词后有结果补语，它前面加"得"字的

把话说得越坚决越好。   （老舍，《黑白李》）

（6）动词前有"都、也"的句子，如果在意义上和这两个词相关的名
词或代词是宾语

把方才的话都说了。   （《红楼梦》，第七一回）
把午睡也牺牲了。   （冰心，《第一次宴会》）

（7）动词前有其他前置成分
（A）少数意义跟"都"字相近的副词

把细磁碗盏和银镶的杯盘逐件看了一遍。 （《儒林外史》，第三回）
把箱子一齐打开。   （《红楼梦》，第七四回）

（B）用"往"引进的处所补语

就把手里的花儿往安老爷肩膀子上搁。 （《儿女英雄传》，第三八回）

（C）比况补语"做……"、"股……"等

不把钱做钱看，不把人做人看。   （《雪舟脞语》）
把你似粪土堆般看待，泥土般抛掷。 （《元曲选·玉镜台》，第三折）

（二）可用可不用"把"的

（1）动词后有偏称宾语

小厮把银子凿下七钱五分。 　　　　　　　（《金瓶梅》，第二三回）

把衣服脱了一件。 　　　　　　　　　　　（《儒林外史》，第三回）

（2）动词后有动量宾语

把那烟袋锅儿挖一挖。 　　　　　　　　　（《儿女英雄传》，第三七回）

把方才的话说了一遍。 　　　　　　　　　（《红楼梦》，第七一回）

（3）动词后有受事补语，而宾语是无定的（按举的是不用"把"的例子——笔者）

你既不愿意，我教你个法儿。 　　　　　　（《红楼梦》，第四六回）

再卖给我们两个柿子。 　　　　　　　　　（冰心，《冬儿姑娘》）

（4）动词后有动向或动态补语（按初中课本《汉语》称做表示动词的变化的趋向动词或时态助词——笔者）

咱们索性回明了老太太，把二姐姐接回来。 　（《红楼梦》，第八一回）

宝蟾把脸红着，并不答言。 　　　　　　　（又，第九一回）

（5）动词后有一个字的结果补语

把生死关头看破。 　　　　　　　　　　　（《儿女英雄传》，第一六回）

还不快换双鞋去呢，把地毯都弄脏了。 　　（冰心，《第一次宴会》）

（6）动词后有特种结果补语

（A）动词本是不及物的，这里有一种"致动"的意义，变成及物的了

把个李纨和紫鹃哭的死去活来。 　　　　　（《红楼梦》，第九八回）

当下先把邓九公乐了个拍手打掌。 　　　　（《儿女英雄传》，第一九回）

（B）动词所代表的动作是管不着那个宾语的，只是使宾语达到补语所

表示的那种结果的手段

好孩子，你把我的心都哭乱了。　　　　　　　（《红楼梦》，第九七回）

你们的汽车，你们的跳舞……这两年已经把她的眼睛看迷了。

（曹禺，《雷雨》）

（7）"把"字只有类似"让"的意义，用于不如意的事情，主要动词大多数是不及物的，没有结果补语

我烦你做个什么，把你懒的横针不拈，竖线不动！

（《红楼梦》，第六二回）

怎么忽然把个晴雯姊姊也没了？　　　　　　（又，第七九回）

（8）动词前头加"一"

平儿把眼圈儿一红，忙把话岔过去了。　　　（又，第七一回）

把那大巴掌一抢，拍得桌子上的碟儿碗儿山响。

（《儿女英雄传》，第三二回）

吕先生最后的结论是："'把'字句式初起的时候也许是并没有特殊用途的一种句法，但是它在近代汉语里应用得如此其广，主要是因为有一些情况需要把宾语挪到动词之前去。同时，有两个重要的消极限制：第一，宾语必须是有定性的；第二，动词必须代表一种'作为'，一种'处置'。这积极消极两方面的条件发生冲突的时候（这种情形很少），要是没有第三种句式可以利用，'把'字句比普通主动句要占点优势。"[12]

张志公先生认为用"把"字把宾语提前有两种情形：一种是由于语意上的要求，一种是由于结构上的要求。所谓结构上的要求，就是指动词比较复杂，或是宾语比较复杂。张先生的结论是："由于动词复杂把宾语提前的，是非提不可，不提就不通；由于宾语复杂而提前的虽然也可以不提前，但不如提前说着顺当。"[13]

胡附、文炼两位先生是主张从组织上（按即结构上或句子的格局上——笔者）来观察"把"字句的，他们否定王力先生的处置式这个名称，

理由是：虽然"把"字句中有些是表示处置的，但是既有活用之说，那么"处置"一词就不是最妥当的。⑭ 从组织上观察，他们总结出三条规律：

1. 动词谓语句最常见的是"主语——动词——宾语"的格式，如果没有特殊需要，一般不用"把"将宾语提前。

2. 如果（A）动词带了"了、着、起来、下去"之类，（B）动词是个动补结构的词，（C）动词带了两个宾语，（D）动词前后有附加语，可以用"把"字句的格式，也可以不用。

3. 如果动词带上较复杂的补语再带上宾语，一般以用"把"字句为常，如果动词的补语是个副动词（按即介词——笔者）带宾语的动宾仿语（按即词组——笔者），就非用"把"字句的格式来表达不可。⑮

以上是几位语法学家对于"把"字句的意见。总起来说，不外乎从意义上和形式上来解释。胡、文两位先生说得对："语法学家的任务，在于考察语言中某种组织的特点，它表达了些什么意义，以及它出现的原因，然后予以合理的解释。只看形式不看意义是不对的，可是我们应当从组织中去发现含义。"⑯ 但是胡、文两位先生否定了处置式这个名称以后，并没有指出"把"字句究竟表示一种什么意义，而只是说："说不定'把'这个词就是专门为这些组织服务的。"⑰ 这不是把形式与意义分割开来，并没有从组织中去发现意义吗？

二 "把"字句的几个问题

现在我们根据以上几位先生所提供的线索，把"把"字句的几个关键性问题提出来谈一谈，看看能否更进一步解释这种句型。

（一）动词的处置性

虽然吕先生和胡、文两位先生不赞成把"把"字句叫做处置式，但是吕先生也认为"把"字句中的动词必须表示一种处置或作为，而胡、文两位先生也承认"把"字句中有一部分是表示处置的。至于这一部分是"把"字句的一小部分还是一大部分，我们很难算出它的百分比来；但是就我们日常生活中说话的经验看来，似乎不在少数。我们且不管这种句子占多少，先来谈一谈这种确实存在的性质。譬如陈述花瓶里插了一把花这样一个事实，我们可以有下面几种说法：

1. 他在花瓶里插了一把花。
2. 他把一把花插在花瓶里。
3. 他把花瓶插了一把花。

如果从形式上来解释这几句话，就无从讲出它们的性质上的区别来。我们能说它们是没有分别的吗？显然地这三句话表示了三种不同的意思，是在三种不同的情况之下说的。第一句简单地陈述"他"的行动；第二、三句是王力先生所谓处置式的最好的证明，因为第二句是说明如何处置"一把花"，而第三句是说明如何处置"花瓶"。又譬如陈述一个人出卖两只猪这件事，也可以有两种都用"把"字的说法：

4. 他把两只猪卖了。
5. 他把猪卖了两只。

这两种不同的形式也表达了两个不同的意义：如果他只有两只猪，我们大概说第一句；如果他的猪多于两只，我们大概说第二句。上面的例2、3、4、5都是用"把"的句子，孤立地看，每一句都是结构正确的，但是在一定的场合，一个结构正确的句子就可能用得并不适当。譬如小孩子问妈妈说："这把花怎么办？"妈妈只能说："把它插在花瓶里吧！"而不能说："把花瓶插上一把花吧！"我们在说话的时候既不能脱离一定的环境（包括上下文），我们在考察一个句子的时候也就不能不考虑到它的环境。只对人说这种句子是结构正确的，而不能告诉他在什么场合才用这种句子，问题只解决了一半；对一个不会说汉语的人来说，可以算只解决了一小半。即使处置式的名称不能概括所有用"把"字的句子，如果我们告诉学生说"把"字表示处置，而代表被处置的人或事物的名词就是"把"字的宾语，同时是谓语动词的意念上的宾语，学生至少可以做对一大部分句子。如果不说这些，而只告诉他们"动词带上较复杂的补语"等等条件，他们就不知道上面的例2与例3的区别、例4与例5的区别。

　　"把"字的处置性还可以从另一方面看出来。不能用在"把"字句里的动词，远不止王力先生所指出的所谓表示感受的"看见、听见"和"有、在"之类。下列动词也都是不能用在"把"字句里的，无论这些动词怎样复杂化："躲、到、遇到、得到、离开、接近、成为、赞成、上（楼）、下（山）"。这一类动词的确给人一种如王力先生所谓"不能使目的语所表示的事物变更其状况"的印象。但是王先生这种说法为什么值得斟酌呢？因为在可以用"把"的动词中，很多也是并不能使目的语（宾语）所表示的事物变更状况的，例如："他把我看了两眼"，"请你把这问题好好想一想"。上述那些动词之所以不能用在"把"字句里，可以从两方面说。一方面是因为像王力先生所说的那样，它们主要是说明施事者（即主语）的行动，这行动对宾语不起任何积极作用，当然也就不能变更它的状况。另一方面是因为这类动词所表示的行动和宾语所表示的事物之间只有一种非常简单的关系，简单到不能用任何前置成分或后置成分来说明这个动作是以某种方式而不是以另一种方式来和宾语发生关系的，例如：

　　6. 我昨天遇到一个朋友。
　　7. 他上星期五到了上海。
　　8. 他们都赞成你当小组长。

尽管上面说"无论这些动词怎样复杂化"，但是在实际上，正像胡、文两位先生所指出的那样[18]，它们是一些很难复杂化的动词。我们知道"把"字句中谓语动词的前置成分或后置成分，它们或者是说明宾语所表示的事物因动作而产生什么结果，如"他把书搁在桌上"，或者是说明动作是以哪种方式来跟事物发生关系，如"他把书看了又看"。上述那些动词所表示的动作既不能对宾语所表示的事物起积极作用，产生某种结果，又不能以某种特殊的方式来跟它发生关系，自然也就不能在"把"字句中出现。

　　王力先生所谓"意外的遭遇"不能用"把"字句的说法，吕先生已经提出反证。但是我们无妨再考虑一下王先生所举的例子："把一块手帕拾了。"这句话之所以不能说，吕先生认为是因为"一块手帕"是无定的。但是为什么我们可以说"我昨天骑车，把一个小孩儿给碰了"？且不管这"一块"和"一个"是有定还是无定，至少性质是相同的；就动词说，"拾"和"碰"也都是意外的遭遇。我认为关键在于"拾"，也就是口语中的"捡"，在这句话里是属于上面所说的非处置性的动词。"捡"和"遇到"是一样的。我们只能说"我遇到一个朋友"，也只能说"我捡了一块手绢儿"。但是"捡"或"拾"有另一个意思，就是由地上拿起来。这个意义的"捡"是可以用在"把"字句中的，我们可以说"我把一块手绢儿捡起来放在桌上"，或是"几个小孩儿把场上的麦穗捡了"。第一种意义的"捡"，除了"到、着（zháo）"不能带别的补语，而"捡到、捡着"和"捡"在意义上没有什么分别；但第二种意义的"捡"却可以带很多不同的补语，如"捡走、捡光、捡得一干二净"。又如"带"这个动词，由于它和宾语之间的不同的关系，就决定了它能不能用在"把"字句中。我们可以说：

9. 你还是把钱带着吧。

10. 我不想把这些东西带着，太累赘了。

但是下边两句就不能变做"把"字句：

11. 他带着满脸的喜气。

12. 她身上带着一股香味儿。

再如"要"这个动词，有一种意思是要求什么东西，我们就可以用"把"字句，例如：

13. 你去跟他把那本字典要来。

另一种意思是接受什么东西，我们就不能用"把"，而只能说：

14. 卖书的送来不少书，可是我只要了一本字典。

我们可以说这几个动词是分属处置性和非处置性两类的。王力先生所谓表示感受的"看见、听见"，它们之所以不能用在"把"字句里，其实与感受无关，只是因为它们属于非处置性的动词而已；"有、在"和"上（楼）、下

（楼）"也属于这一类。如果我们细细体会一下这些动词和宾语的关系，便可以感觉出那些可以用在"把"字句中的动词的处置性来。

（二）宾语的有定性

一句话能不能用"把"，有时的确同宾语的性质有很大的关系。但是"有定"、"无定"的说法却不很明确。如果说有定是专指而无定是泛指，我们就难以说明何以能说下边这几句话：

1. 他这人太浪费，总把钱不当钱花。
2. 他目空一切，从来不把人放在眼里。
3. 我想把一本俄文小说译成中文，你说译哪一本好？

这里的"钱"和"人"和"小说"，都不是指特定的一笔钱、一个人、一本小说。我们承认在"把"字句中，有定的宾语确实比无定的宾语多得多。不过宾语的有定、无定却很难从外形上看出来。在"主——谓——宾"式的句子中，光秃秃的一个名词做宾语可以是无定的，如"他怎么老写信？"但是在"把"字句中，一个光秃秃的名词做宾语就常常是有定的，如"我把信写了"，一定是指某一封信或某些信。"把"字句中的宾语的有定、无定跟谓语动词也有关系。我们可以分别谈谈。

A. 动词加"了"

这是"把"字句最起码的条件，也就是吕先生所说的可用可不用"把"的格局之一。那么究竟这类句子是否都可用"把"可不用"把"呢？如果宾语显然是有定的，就可用可不用，例如：

4. $\begin{cases} 我把那封信烧了。 \\ 我烧了那封信了。 \end{cases}$

5. $\begin{cases} 他把这些书看了。 \\ 他看了这些书了。 \end{cases}$

6. $\begin{cases} 我们把要卖的东西卖了。 \\ 我们卖了要卖的东西了。 \end{cases}$

但是如果宾语前面只有数词和量词，宾语是否有定？是否仍然是可用可不用"把"呢？这就牵涉到谓语动词和宾语的关系了。下边举的是可用可不用"把"的例子，句中的宾语是有定的：

7. $\begin{cases} 我把一本书卖了。 \\ 我卖了一本书。 \end{cases}$

8. $\begin{cases} 他把三件衣服洗了。 \\ 他洗了三件衣服。 \end{cases}$

9. $\begin{cases} 我们把几张文件烧了。 \\ 我们烧了几张文件。 \end{cases}$

但是下列句子却不能变做"把"字句：

10. 我昨天买了一本书。

11. 他作了两首诗。

12. 上星期我缝了三件小褂儿。

13. 我们联合发表了一篇宣言。

如果仔细研究一下，就可以看出这几个句子有一个共同的特点：这些宾语所代表的事物都是通过动词所表示的动作而出现的。换句话说，这些事物在有动作以前都是并不"存在"的。[19]这些东西原不"存在"，当然就无从处置，所以不能用"把"。下面是一些引自文学作品的例子：

14. 我已替你想了个极当的美号了。　　　　　　（《红楼梦》，第三七回）

15. 拣了一个小小的海棠冻石蕉叶杯。　　　　　　（又，第三八回）

16. 乡亲还沽了一点酒，向熟肉店买了一点肉。

　　　　　　　　　　　　　　　　　　（叶圣陶，《多收了三五斗》）

17. 于是……写了汉文的英文的两张习字，又写了一封信。

　　　　　　　　　　　　　　　　　　（叶圣陶，《一个练习生》）

为了更明确地证明这一点，我们可以考察一下动词"倒"和"换"。"倒一杯茶"可以有两个意思：(a) 原来茶杯里没有茶，由茶壶往茶杯里倒茶；

（b）原来有一杯茶，把它倒掉。如果想表示第一个意思，就不能用"把"："他倒了一杯热茶（喝）"；如果要表示第二个意思，就用"把"："他把一杯凉茶倒了，又倒了一杯热的"。在表示第一个意思的句子里，在没"倒"以前，"茶"固然"存在"，但就"一杯茶"说，可以认为不"存在"。同样的，"换"也有两个意思：（a）把原来为某种目的而"存在"的事物换掉；（b）把原来不为这目的而"存在"的事物换上。例如，我们如果说"他换了一双皮鞋"，无疑地这"一双皮鞋"不是原来穿在脚上的；如果说"他把一双布鞋换了"，一定是把原来穿在脚上的布鞋脱了，穿另一双鞋。所以如果原来穿的布鞋换成皮鞋，我们只能说"他把一双布鞋换了，换了一双皮鞋"，而不能反过来说；如果原来穿的皮鞋换成布鞋，我们又非反过来说不可。

如果某一事物虽然原不"存在"，然而带着一个"限制性"的定语，一般又可以用"把"字了，因为定语使宾语成为专指的：

18. 我把一本非常急需的书卖了。

19. 他把两首很难作的诗作了。

B. 动词加补语

动词如果带了补语，差不多都可以用"把"，连上面有些不能用的也能用了：

20. 昨天我把一本书买错了。

21. 他把两首诗作得简直不像诗。

22. 我把一件小褂儿缝小了。

重点既然转移到动作的结果上去，事物的"存在"当然已经是不成问题的了。

由上面所举的例子看来，光说"把"字句中的宾语是有定的，如果有定指的是专指，就不很全面。我们可以说"把"字句的宾语必须具备下列条件之一：

甲、某一或某些专指的人或事物。

乙、某一或某些在有动作以前已经"存在"的人或事物，专指泛指都可以。

人或事物的"存在"确实是很重要的。比如假定一个人失了业，没有钱寄回家去，我们也不能说"他失业了，不能把钱寄回家去了"，只能说"他失业了，不能寄钱回家了"；但是我们可以说"那个地方不通汇兑了，他不能把钱寄回家去了"。

（三）可用可不用"把"的句子

前面几位语法学家都指出在哪些情况下必须用"把"，我想不会有什么人不同意。在这方面问题比较简单。但是关于可用可不用"把"的句子，在什么场合宜于用"把"，在什么场合不宜用"把"，问题就不是那样简单。可用可不用"把"的情况可以分作两类：一类是上面已经谈到过的，按句子的结构说是可以用"把"的，但是由于动词是非处置性的，就不能用在"把"字句中，所以这类句子实际上应该认为是不能用"把"的。另一类是实实在在可用可不用"把"的，换句话说，孤立地看，用"把"和不用"把"都正确，但是在某种情况之下却不能或不宜用"把"。刚才举的"寄钱"的例子就可以说明这个问题。现在再补充几个文学作品中的例子，这些例子都没有用"把"，也不能用"把"；但是假使把它们从上下文里抽出来，都是可以变做"把"字句的：

1. 黛玉只带了两个人来：一个是自己的奶娘王妈妈，一个是十岁的小丫头，名唤雪雁。　　　　　　　　　　　　　　（《红楼梦》，第三回）

2. 我虽比他尊贵，但绫锦纱罗，也不过裹了我这枯株朽木；羊羔美酒，也不过填了我这粪窟泥沟。　　　　　　　　　　　　（又，第七回）

3. 孔乙己刚用指甲蘸了酒，想在柜上写字……　　（鲁迅，《孔乙己》）

4. 掌柜仍然同平常一样，笑着对他说："孔乙己，你又偷了东西了！"
　　　　　　　　　　　　　　　　　　　　　　　　　　　　（又）

5. 你要晓得红眼睛阿义是去盘盘底细的，他却和他攀谈了。
　　　　　　　　　　　　　　　　　　　　　　　　（鲁迅，《药》）

我认为这些句子之所以不能用"把"，是因为在这些场合并不需要强调对事物的处置。

　　一般说来，可用可不用"把"的句子，用与不用只有强调处置与不强调处置的分别，意思上大体是没有什么出入的。但是也有些句子，表面上看来仅是用"把"与不用"把"的区别，而其实是结构不同的句子，因之连意思也不相同了，例如：

6. {
他取书来了。（他要把书从这里拿走）
他把书取来了。（他把书从别处拿到这里来了）
}

7. {
你拿牛奶去吧。（可以是你到别处去拿牛奶，也可以是你拿牛奶到别处去）
你把牛奶拿去吧。（只能是你拿牛奶到别处去）
}

例 6 后一句不是由前一句加"把"变成的，它如果不用"把"，应该是"他取来了书"。例 7 前一句，如果意思是你拿牛奶到别处去，就可以加"把"字转化成后一句；但是如果意思是你到别处去拿牛奶，就不能转化成"把"字句，这两组例句似乎更说明"把"的处置性：不用"把"的时候，宾语后还可以有为主语所控制的动词，如例 6 前一句的"来"和例 7 前一句的"去"；但是用了"把"以后，宾语后面的"取来"和"拿去"的"来、去"都只能是说明宾语受处置后的结果了。

　　无论如何，虽然我们不否认，在很多场合用"把"和不用"把"都差不多，但是从结构上看，可以用"把"的句子，却有由于动词或宾语的性质而不能用"把"的情况，又有因用"把"与不用"把"所表达的意思不尽相同而在某些场合不能用"把"的情况，那么"把"字一定有它的作用，而不仅是一个形式或结构问题了。

　　（四）"把"字的引申用法

　　所谓"把"字的引申用法，就是王力先生所说的继事式，而吕叔湘先生把它们分属于上面提到的第二大类的 6、7 两项的。究竟这类句子要不要另立名目，这倒不是很重要的事，重要的还是说明一下它们的特点。这些句子可以分为两类。第一类在结构上跟普通的"把"字句没有什么区别，只是它们说的是一些所谓精神上的行为，例如：

1. 他把我恨死了。

2. 她把她的小白猫爱得什么似的！

下面是《红楼梦》中的一些例子：

3. 若问这个方儿，真把人琐碎死了。　　　　　　　　　（第七回）

4. 你太把人看糊涂了。　　　　　　　　　　　　　　　（第五五回）

5. 你暂且把我们忘了，使不得吗？　　　　　　　　　　（第七三回）

6. 你把我的心都哭乱了。　　　　　　　　　　　　　　（第九七回）

7. 越发把秋桐嫌了。　　　　　　　　　　　　　　　　（第一一四回）

8. 竟把那儿女情缘也看淡了好些。　　　　　　　　　　（第一一六回）

9. 把素日冷淡宝玉的主意都忘在九霄云外了。　　　　　（第一一七回）

这类句子或者是说对某一人或事物如何对待，或者是说对某一人或事物有什么影响。它们的特点是：（a）动词往往带有补语；（b）补语往往是一种强烈程度的描写。这类句子无论从结构上或意义上看，都和普通"把"字句一样，如果我们不把"处置"解释得那么狭隘。

"把"字的引申用法的第二类是跟普通"把"字句很不相同的。这一类句子如果去掉"把"字，并不影响谓语和宾语的次序。下面是《红楼梦》中的例子：

10. 不知说了一句话，半句话，名儿姓儿知道了没有，就把他兴头的这个样儿。　　　　　　　　　　　　　　　　　　　　　　　（第二七回）

11. 偏又把凤丫头病了。　　　　　　　　　　　　　　　（第七六回）

12. 怎么把个晴雯姊姊也没了。　　　　　　　　　　　　（第七九回）

13. 把个刘老老也吓怔了。　　　　　　　　　　　　　　（第一一九回）

14. 倒把个香菱急得脸胀通红。　　　　　　　　　　　　（第一二〇回）

我们还可以加上几个例子：

15. 把西门庆吃得酩酊大醉。　　　　　　　　　（《金瓶梅》，第一回）

16. 把周先生羞的脸上红一块白一块。　　　　　（《儒林外史》，第二回）

17. 把我孩子冻成什么样了。　　　　　　　　　　（《高玉宝》，第四章）

18. 把我冷得直哆嗦。

19. 把匹马累得站都站不住了。

例 12、13、14、19 如果去掉"把"字，量词"个、匹"自然也得去掉；但是在原句中，量词也并非必要的。[20] 严格地说，这些句子不完全一样。有些句子的谓语是自动词，如例 10 的"兴头"，例 11 的"病"，例 12 的"没"；有些句子的谓语根本是形容词，不是动词，如例 18 的"冷"。自动动词和形容词一般是不能做"把"字句的谓语的。也有一些句子的谓语动词是可以有宾语的，如例 13 的"吓（怔）"，原本可以说"吓怔了刘老老"。但是既然去掉"把"字（连带去掉量词"个"）以后，其余的部分都还可以成为完整的句子（"把"的宾语变做主语，后面的部分说明主语的情况），我们不妨把它看做一类。这类句子往往用来说明由于某事的发生，而使某一活生体（人或动物）产生了某种情况或变化，很像是他（它）们受到某件事情的支配或影响而产生了这种情况或变化。这些句子如不用"把"，只是说明某一活生体产生了这种情况；用了"把"，就和前面发生的事情联系起来，说明某人之所以有这种情况是前面这件事情的结果。这样就很接近普通"把"字句所表达的意义。这类句子的特点是：（a）"把"字的宾语绝大部分是人，偶尔是动物，不会是非活生体；（b）后面的动词或形容词及其补语是描写性的而非叙述性的，而以描写感情、感觉为最普通；（c）这感情或感觉往往达到非常强烈的地步。例 11、12 是最费解的，仿佛不符合上述的情况，而且从上文中也并没有表明凤姐的病和晴雯的死是某一事情所引起的后果，这种特殊的句子还须深入研究。

总之，"把"字句无论是否叫"处置式"，都不只是一个结构问题。"把"字是用来强调地说明某一人或事物对另一人或事物采取某种积极的行动或态度，而有时则更进一步强调这种行动或态度在这另一人或事物身上产生了某种结果。

（五）动作的肯定性

正如王力先生所说，"把"字是为积极处置而设，所以谓语动词不能采

取否定的形式（谓语动词前面不能加上否定词）。如果是一个否定句，否定
词要放在"把"字前面，如"他没把课文了解透澈"。不过动作的肯定性不
一定能由形式上来决定。下面是一些《红楼梦》的例子，谓语动词都采取
否定的形式：

1. 把宝玉没急死了。　　　　　　　　　　　　（第九〇回）

2. 怎么把头里的宝色都没了呢？　　　　　　　（第九五回）

3. 你为什么把从前的灵机儿都没有了？　　　　（第九九回）

4. 把我那要强的心一分也没有了。　　　　　　（第一一回）

5. 把从前那些邪魔永不沾染。　　　　　　　　（第一一八回）

6. 袭人见［宝玉］把莺儿不理，恐莺儿没好意思的。　（第三五回）

例1是一种习惯说法，有"宝玉差一点儿没急死"的意思，也就是宝玉急
得要命的意思（同样我们可以说"把我没冻死！"）例2、3的"没"和"没
有"意思是"失掉"。例4的"一分也没有了"就是"完全打消了"。例5
的"永不沾染"和例6中的"不理"是熟语。这些否定形式的动词实际上
都具有肯定的意义，所以可以用"把"。但是有肯定意义而采取否定形式的
动词，以及带否定词的熟语，究竟是极为少数的，因此这些都不妨碍"把"
后面不能用否定词语成为一条一般的规律。

（六）"把"和"拿、用"

像许多语法学家所指出的，"把、将"原来是动词，而且在一些方言中
根本不用"把"字而用"拿"字。在早期白话中，"把、将"可以有跟"拿、
用"相同的用法，例如：

1. 把花枪挑了酒葫芦。　　　　　　　　（《水浒传》，第一〇回）

2. 林冲把手床上摸时……　　　　　　　（又，第一〇回）

3. 把我的驴牵在后园槽上，卸了鞍子，将些草喂的饱饱的。

　　　　　　　　　　　　　　　　　（《儒林外史》，第二回）

4. 把弹子打瞎人的眼睛。　　　　　　　（又，第三九回）

5. 宝玉正把眼瞅着那"海棠春睡图"……　（《红楼梦》，第一一回）

6. 把话儿来慢慢儿的劝解了好些时。　　　　　　（又，第一一九回）

这些句子，现代汉语里一般都用"拿、用"，而不再用"把"。但是在早期白话中却另有一些"拿、用"和"把"可以混用而且直到现在也还可以互相代替的情况，例如：

7. 怪不得他们拿姊姊比杨妃，原也富胎些。　　（《红楼梦》，第三〇回）

8. 后来我们拿这个作被，作帐子……　　　　　　（又，第四〇回）

9. 不拿姜汁子和酱预先抹在底子上烤过……　　　（又，第四二回）

10. 我要不把姊姊当亲姊姊待……　　　　　　　　（又，第三七回）

11. 人家把你当个正经人……　　　　　　　　（又，第四五回）[21]

12. 人家有为难的事，拿着你们当做正经人……　　（又，第四六回）

例7中的"拿"是可以用"把"代替的，例8、9中的"拿"也可以用"把"或者用"用"代替，例10中的"把"是可以用"拿"代替的。

例11、12两句话的意思简直一样，现在一句用"把"，一句用"拿着"，但是也未尝不可以互换。此外，《红楼梦》中也有一些用"拿、用"的句子是绝对不能用"把"的：

13. 忙命人拿盘子装了十个极大的。　　　　　　　（第三九回）

14. 贾母又命拿些钱给他。　　　　　　　　　　　（第三九回）

15. 黛玉亲自用小茶盘捧了一盖碗茶来。　　　　　（第四〇回）

16. 拿上等燕窝一两，冰糖五钱，用银吊子熬出粥来。（第四五回）

总之，那些在现代汉语中该用"拿、用"而用"把"的句子，在《红楼梦》中较之《儒林外史》为少，而《儒林外史》又较之《水浒》为少。从语言发展上看，"把"和"拿、用"的分工愈来愈明显。下面这些句子都是受了早期白话的影响：

17. 把钢铁造桥的工人，当这时候，还在河岸作工。

　　　　　　　　　　　　（黎锦熙，《新著国语文法》，46页，例）

18. 共产党把马列主义的理论武装自己。　　　　（又，208页，例）

19. 他忽然把老哥来称呼我。　　　　　　　　　　　　　　（同上）

20. 我们不能把困难的工作教他去做。

　　　　　　　（语法讲话，《中国语文》1953 年 3 月号 29 页例）

21. 差不多把性命和日本飞机打赌。　　　　（叶圣陶，《我们的骄傲》）

有时"把"字实际上是"使"字的意思，例如：

22. 把个人与局部的眼前利益服从人民的、公共的、长久的利益。

　　　　　　　（胡附、文炼，《现代汉语语法探索》，131 页，例）

23. 把自己处在困难地位。　　　　　　　　　　　　　　（同上）

这些"把"字句其实是违反现在的"以北方话为基础方言的普通话"中的"把"字句的规律的。一个北京人一听就可以很快断定一句话中究竟该用"把"，还是"拿"或"用"，还是可以混用，所以"把"和"拿、用"的区别是并不难找出规律的。从语言的发展看来，"把"确实已经发展成为专为提前宾语之用的介词，与"拿、用、使"的用法大不相同，对于一个还未熟练掌握汉语的人说来，如果我们说"把"和"拿、用、使"可以无条件地混用，就必然会引起混乱。在汉语规范化问题已经提到日程上来的今天，正应该顺着发展的趋势把"把"字的用法限制在一定的范围之内。这样不但不妨碍我们语言的丰富多彩，而且能使汉语更为确切精密。

　　"把"字句就谈到这里。由于研究得不够深入，有些问题也还没有彻底解决。至于那些必须用"把"的规律，各语法学家已经分析得非常清楚，这里就不再提了。关于"把"的另一些规律，留待下面结合"被"字句来说明，这里就不多说了。

三　"被"字句各家的说法

　　汉语的各种句式中跟一般的句式很不相同的，除了"把"字句之外还有"被"字句。在"被"字句中，主语不是动作的施事，而是受事；在动词之前，用介词"被"引出施事来。在所有介词中，"把"和"被"是比较特殊的，因为这两个介词及其宾语组成的介词结构，不像其他介词结构那样对动词有明显的修饰关系。这两种句子有很多相似之处，但"被"字句不如"把"字句常用。大部分"被"字句是涉及人的，涉及事物上的比较少；而"把"字句就很难说究竟是涉及人的多还是涉及事物的多。现在我们先看一看几位语法学家对于"被"字句的意见。

王力先生把"被"字句叫做被动式，并指出我们平常在叙述行为的时候，还是主动式用得多些，被动式用得少些。他认为并非所有的主动式都可以转变为被动式，被动式的用途要窄得多。被动式所叙述的事情，对主语而言，往往是不如意的。被动式和处置式所叙述的行为的性质大致相同，因为从施事看来是一种处置的行为，在受事看来就往往是不如意的，因此，多数被动式是可以改成处置式的。被动式变为主动式的时候，也是宜于变为处置式。处置式和被动式还可以同时并用，也就是把处置式纳入被动式里。㉒

王先生指出被动式与处置式有两个相似的地方：

（1）像"把"字后不能有否定词一样，"被"字后也不能有否定词。

（2）像处置式只限于叙述处置性的事情那样，被动式也只限于叙述不如意的事情（但王先生也指出，现代汉语因受外语的影响，被动式已经不仅限于叙述不如意的事了）。

王先生认为如果不要指出施事，就不大用"被"字，"被"字后面直接跟着动词的句子是很少见的，除非"被"字和动词用做定语，如"被侮辱的人"。

除了有"被"字的被动式外，王先生认为有一种没有"被"字的被动式。在形式上和主动式一样，只在意义上是被动的。这种被动式用于两种情况：

（1）没有必要或者说不出施事是什么人物，例如：

　　　五儿吓得哭哭啼啼。　　　　　　　　　　（《红楼梦》，第六一回）

（2）主语为无生之物，无所谓不如意的事，例如：

　　　云板连叩四下。　　　　　　　　　　　　　（又，第一三回）

至于有"挨、受"之类动词的句子，王先生认为是类似被动式的主动句。

张志公先生也认为用"挨、受、遭"的句子是"自动形式的被动句"，并且指出这种句子跟一般的自动式的区别就在于不能改成用"被"字的被动式，原因是它们的实际意义已经是被动的。㉓

一些不用"被"字的被动句，张先生叫做"自然表明的被动句"。这种被动句有三种情形：

A. 主语所代表的是非活生体或抽象的事物，例如：

    1. 油豆腐也煮得十分好……　　　　　　　　（鲁迅，《在酒楼上》）

    2. 路上浮尘早已刮净……　　　　　　　　　（鲁迅，《一件小事》）

    3. 现在，艺人的地位已经提高。　　　　　　　　　　　（老舍）

B. 主语和动词的关系可以表明被动，因为它即使代表活生体，但是在某种情况下不可能做这个动作，例如：

    4. 在海边种地的人，终日吹着海风……　　　　（鲁迅，《故乡》）

    5. 吃奶的孩子也抱着来了……　　　　　　　　　　　（丁玲）

C. 动作的施事不必说，又要强调受事，就把它放到主语的位置上，例如：

    6. 这事到了现在，还是时时记起。　　　　　（鲁迅，《一件小事》）

    7. 那事情是万料不到，也防不了的。　　　　　　　　（鲁迅）

张先生认为及物动词后面加个"得"，或是前面加个"可（以）"或"能（够）"，也会形成被动式，一种被动式的描写句，例如：

    8. 而且那村口的魁星阁也确乎已经望得见。　　　（鲁迅，《离婚》）

    9. 她觉得他是可以同情的。　　　（丁玲，《太阳照在桑干河上》）

"自动形式的被动句"和"自然表明的被动句"在结构上的共同点，是没有把施事说出来。

张先生认为"被"字是表示被动的最常用的字，它的用处主要是引进施事。有时，"被"字并不引进施事，而是明确表示被动的关系，这就是

"被"字直接放在动词之前的用法，例如：

10. 他被选为农会主任了。　　　　　（丁玲，《太阳照在桑干河上》）

11. 县农会主席老杨同志被分配到第六区来检查督促"秋收工作"。

　　　　　　　　　　　　　　　　　　（赵树理，《李有才板话》）

张先生认为在口语里常用"叫（教）、让"或"由"来代替"被"，"给"也可以代替"被"㉔，还可以说成"被……给……"或"叫（教）……给……"，例如：

12. 这句话却不料就叫金旺他爹听见……　　（赵树理，《小二黑结婚》）

13. 命是自己的，可是教别人管着；教些什么顶混账的东西管着。

　　　　　　　　　　　　　　　　　　（老舍，《骆驼祥子》）

14. 鲜花，由前进的女艺人自动捐献！　　（老舍，《方珍珠》）

15. 有一回，老孙头也给他拖去。　　　　（周立波，《暴风骤雨》）

16. 他的心像一个绿叶，被个虫儿用丝给缠起来……　　　　（老舍）

中国科学院语言研究所语法小组的《语法讲话》中指出"把"字句和"被"字句从结构上看有两点不同：

1."把"字必须带宾语，而"被"字后面可以没有宾语而直接跟动词；

2."把"字句的动词或前或后总带一些别的成分，而"被"字可以不带，除非动词是单音的。

《语法讲话》也认为"被"字句原来只用于不如意或不愉快的事上，而目前之推广到其他情况，是受了西洋语法的影响。㉕

上述诸位语法学家对于"被"字句的意见没有很大的分歧，只有洪心衡先生对于一般语法学家所谓没有"被"字的被动句，表示了一点值得注意的意见。洪先生认为这一类句子并非被动句，他把它分做六类㉖：

（1）做谓语的动词后面用有否定词的：

飞机看不见了。

马喂不起呀!

张拴那地不卖了。

（2）主动者已在附加语中的（按即与方位词组成方位结构的——笔者）:

他全身都淹在冰冷的水里。

泥土就在秧歌队伍的脚下踩平了。

（3）在主语中，用有和后面主要动词同样的词的:

下料下得对不对，煤气送得足不足……一时也疏忽不得。

干活，只要干得痛快就行啰!

（4）用有"着"字来表示进行态的句子:

一切通往知识的大道都为我们开放着。

车子在一边扔着。

就是用有"了"表示完成态的句子也有根本不能是被动式的，虽然主语跟动词有动宾关系的可能，如:

仗打了好久好久，流了许多血。

（5）动词前后用有某些性质的主语、宾语的:

唾沫子喷了鬼子一脸。

初生儿注射二千到三千单位。

（6）动词前用有性态或数量等的附加语的:

不解开学生们心上的疙瘩，这一课也白上了。

野地也能睡了，地洞也好挖了。

拉条、油管都没了，全要现找。

他说："句子的目的是在描写、论断以及记述事实，所用的动词虽然跟主语有动宾关系的可能，也没有被动意思的表示。"

四 "被"字句的几个问题

现在我们就根据上面各种关于"被"字句的意见来谈一谈"被"字句中的几个问题。

（一）表示被动的介词和助词

像各位语法学家所指出的，"叫（教）、让"可以代替"被"。就口语来说，北方话中用"叫（教）、让"表示被动要比"被"更普遍。在文学作品里也是常见的，如：

1. 什么事让她知道了，还不跟在旗杆院楼上广播了一样！

（赵树理，《三里湾》）

2. 可惜他不在村里了，叫人家广聚把他撵跑了。

（赵树理，《李有才板话》）

3. 放在棚上，万一教耗子拉去呢？　　（老舍，《方珍珠》）

但是我们知道"被"是可以不引进施事而直接放在动词之前的，"叫"和"让"一般不大直接放在动词之前。如果施事没有必要指出，就用"人"或"人家"来泛指，如：

4. 他叫人打得动不了了。

5. 东西都让人家搬走了。

此外，我们必须注意"叫（教）"或"让"放在名词或代词之前，后面又有动词，有时不是被动式而是兼语式（按初中课本《汉语》列为复杂谓语之一——笔者），如：

6. 这是不让人活下去了。

7. 即刻叫我女婿弄了人，叫姑娘亲笔写个字儿。

（《红楼梦》，第一一九回）

当然，这两种句子有时是不大容易区分的。如果主语是非活生体，就比较简单，因为它们不能主动地"叫（教）"或者"让"人家做什么事的。如果后面的动词带着跟主语无关的宾语（如例7中的"人"和"字儿"），或者动词是不及物的（如例6中的"活"），很显然也是兼语式。但是如果主语是活生体，"让"或"叫"的宾语又是活生体，而动词和主语从意义上看又是有动宾关系的，那么从形式上看就很难区分被动式和兼语式：

8. $\begin{cases} 你怎么让人打了？（被动式） \\ 你怎么就这样让人打？（兼语式） \end{cases}$

9. $\begin{cases} 那只狗叫人摸弄惯了。（被动式） \\ 那只狗现在叫人摸弄了，以前可不行。（兼语式） \end{cases}$

至于"由"字，我个人不同意张志公先生的意见。虽然在有些句子里，"由"似乎相当于"被"，但这不等于说，这两个字的意义和作用就一样，而且有时"由"和"被"是并不能互相代替的。它们有很多不同的地方：

A."由"字的主动性很强，有把某事分配某人去做或指明某事是某人的职责的意思，因而可以用在命令句或者表示建议的句子里，这种地方是不可能用"被"字的，如：

10. 这件工作由他去完成吧！

11. 我建议这里一切由我来负责。

B."由"字的宾语绝大部分是人，偶尔是其他动物，不可能是非活生体，但"被"字的宾语可以是非活生体，如：

12. 棉花都被雨淋坏了。

13. 他的腿被炮弹打断了。

C."由"字前面可以没有主语，"被"字可不行，如：

14. 今天由你来做主席吧。

15. 星期日我们聚餐来着，由他作买办，由我做菜，大家吃得很满意。

"由"和"被"往往给人很不同的语感，下面两句很能使人感到它们的不同：

16. 人民的代表应该由人民来选。

17. 他被人民选为代表了。

像王力先生在《中国现代语法》里所指出的，我们从古代汉语里继承了被动式中的"所"字。现代书面语中还有人在"被"字句中的动词之前加一个"所"字。这个字本身没有什么意义，只是表示后面的动词是被动性的。一般地说，"被"字句中的动词不能单独存在，尤其是单音动词；但是用"所"字时就可以用一个单音动词，而句子就有古代汉语的意味，如王先生所引的例句：

18. 父母已亡，或被叔伯兄弟所卖。

在口语中，像萧斧先生所指出的，"叫（教）……"或"让……"和动词之间可以加上"给"字㉖，如：

19. 你一下车就教侦探给堵住，怪谁呢？　　　　（老舍，《骆驼祥子》）

20. 拿不了匪，倒叫匪给拿了，多么大的笑话！　　　（老舍，《上任》）

21. 我没有来得及喝碗面汤，就让我们二大爷给提溜来了。

　　　　　　　　　　　　　　　　　（李健吾，《云彩霞》）

这个"给"字是个助词。它后面的动词，无论单音双音，都不能单独存在，也不能仅有前置成分，必须有"了、着"或者后置成分。

（二）"被"字句和"把"字句的比较

"被"字句和"把"字句虽然是两种不同的句式（"把"字的宾语是动词的受事，而"被"字的宾语是动词的施事），但是这两种句式却有许多相同之点：

A. "被"或"把"字后面不能用否定词，否定词要放在"被"或"把"字的前面。"把"字句的这个规律已经谈过，"被"字句的情形也是这样，如：

1. 他没有被大家选做劳动模范。

"把"字句的这个规律有例外，这也适用于"被"字句，如果是熟语，就可以用在"被"字后面，如：

2. 便怕白闹一场，反被宝蟾瞧不起。   （《红楼梦》，第九一回）

3. 他的建议在会上被大家否决了。

B. 动词必须有前置或后置成分。"把"字句的动词不能单独存在，或者前面有状语，或者后面有宾语、补语或助词，如：

4. 我要不把姊姊当亲姊姊待……   （《红楼梦》，第三七回）

5. 便将世上所有的东西摆了无数……   （又，第二回）

6. 让我把贱内的病症说一说。   （又，第一〇回）

7. 袭人便把焙茗的话悄悄说了。   （又，第三四回）

只有极少数的几个本身已含有处置结果意义的双音动词可以孤立地用在"把"字后面，如：

8. 我们必须把这个问题解决。

9. 他们以为这样一来就可以把我们消灭。

这个规律也大致适用于"被"字句，只是一般双音动词都可孤立存在（前面没有助词"给"时），不像"把"字句的只限于极少数的双音动词，例如：

10. 宝玉……从来未经过这样被人弃厌。   （《红楼梦》，第三六回）

11. 你必须把话说清楚，不然就很容易被他们误解。

12. 你这样作，总免不了要被大家批评。

13. 能普遍的被大众接受，欣赏，它还不就成了大众文艺么？

至于单音动词，就一定要带前置或后置成分了：

14. 不上一年，便被上司参了一本。   （《红楼梦》，第二回）

15. 正欲下拜，早被外祖母抱住。　　　　　　　（又，第三回）

16. 谁知才进门，便被黛玉推出来了。　　　　　（又，第二二回）

17. 只有旗杆院这两个院子……没有被他们烧过。

　　　　　　　　　　　　　　　　　　　（赵树理，《三里湾》）

18. 今天就被人家活生生捉住杀了……　（赵树理，《李家庄的变迁》）

19. 小二黑挣扎了一会，无奈没有他们人多，终于被他们七手八脚打了一顿捆起来了。　　　　　　　　　　　　（赵树理，《小二黑结婚》）

20. 我被他这么突然一问，当时也怔住了。

21. 他被这些人三番五次地骂，忍不住要发火。

像“把”字句一样，动词带后置成分的要比带前置成分的多，而且无论“把”字句还是“被”字句，动词如果只有前置成分而无后置成分，则往往是用在不能独立的分句中，如例 20、21。尽管“把”字句里有少数双音动词和“被”字句里一般双音动词可以单独存在，但总是以加后置成分为普通；有时还非加不可，不加好像语气没完，如：

22. 昨天他被大家批评（了一顿）。

23. 他的建议被我们接受（了）。

凡是可以做“把”字句中动词的前置或后置成分的，都能做“被”字句中动词的前置或后置成分。在上面谈到各位语法学家对于“把”字句的意见时，曾把吕叔湘先生对于动词前后成分的详细分析介绍了一下。其中比较特别的是动词后可以另有宾语。在“把”字句中，“把”的宾语一般就是后面动词的意念上的宾语，因而动词就往往不再带宾语。“被”字句的主语一般是后面动词的意念上的宾语，因而动词也往往不再带宾语。但是这两种句子都可以另有宾语。根据吕先生的分析，“把”字句的动词另有宾语，有四种情况（见前 18 页），而这四种情况也完全适用于“被”字句：

（a）动词和宾语结合成一熟语：

24. 当时就被一个士兵打了两个耳刮子。　　　　（陈登科，《活人塘》）

25. 好像又被他们打了折扣。　　　　　　（叶圣陶，《多收了三五斗》）

（b）宾语是结果宾语：

26. 他的经历被人写成了一本小说。

（c）宾语代表的人或事物是主语（在"把"字句中则是"把"字的宾语）代表的人或事物所领有的：

27. 你给地主害死爹，我给地主害死娘。　　　（刘白羽，《无敌三勇士》）
28. 活到我这个岁数，还教人家给打断腿？　　　（师陀，《大马戏团》）

（d）主语（"把"字句中则是"把"的宾语）有处所补语的意味：

29. 下半截 [板门] 给走过的学堂里的孩子们用白粉画了些不像人又不像虫的东西。　　　　　　　　　　　　　　　　（叶圣陶，《外国旗》）

（c）（d）两种也可以换一种方式说：

30. 你的爹给地主害死，我的娘给地主害死。
31. 在下半截 [板门] 上，……孩子们用白粉画了些……东西。

但是我们比较一下两种说法，便可以看出意思有些不同：例 27 是说明"你"和"我"遭遇了哪些不幸的事，而例 30 是说明"你的爹"和"我的娘"遭遇了什么不幸的事。例 29 是说明下半截板门的遭遇，而例 31 是说明孩子的行为。所以"被"字句的主语所代表的人或事物就是说话人要说明的事情的承受者。这一点也是和"把"字句相似的："把"的宾语所代表的人或事物就是处置的对象，如"把一丈青拴了双手"，是说明如何处置一丈青，而"把一丈青的双手拴了"，那是说明如何处置"双手"。

　　C. 动词前可以加助词"给"。"被"字句中的动词前面可加助词"给"，"把"字句中的动词前面也可以加，这个"给"字都只是加重语气，并没有什么意义，如：

32. 你把孩子的前程给耽误了。　　　　　　　（骆宾基，《王妈妈》）

33. 官僚资本可把我们给剥削苦了。　　　（骆宾基，《张保洛的回忆》）

王力先生说，如果"把"字句里的谓语动词是表示损害的，在前面加一个"给"字。[28] 在骆宾基的短篇小说《张保洛的回忆》中共有 20 个"把"字句。其中有四句是动词前有"给"字的，除前引例 33 以外，其他的三句是：

34. 二十年被剥削的生活，把我的性子给变了。

35. 把他的腿给折下来。

36. 把他给忘了。

"变"自然不一定变坏，但是这里是说一个工人变得表面上很油滑，心里藏着隐痛，所以这四句的动词都是表示损害的。其他十六句没有"给"的"把"字句中有两句的谓语动词是表示损害的：

37. 四个警察把我围在当中。

38. 我们那天非把他的汽车砸坏了不解恨。

这些情况似乎可以说明"把"字句的谓语动词没有"给"也可能表示一种损害式不如意的情况，但是有"给"则一定是损害。至于"被"字句本身就往往表示一种不如意的情况，这在下面还要谈到。

　　D. 动词是自动词的"把"字句和"被"字句。前面谈过"把"字句中的动词有时是自动词，这种句子是"把"字句的引申用法。"被"字句也有同样的情况。在这种句子中，主语并不是动作的直接承受者，它只是受到动作的影响，例如：

39. 王夫人被薛姨妈一番言语说得极有理，心想……

　　　　　　　　　　　　　　　　　　　（《红楼梦》，第一二〇回）

40. 李成功被他一说倒愣住了。　　　　　　（陈登科，《活人塘》）

例 40 中的"说"并不是"扮李成功"，只是李成功听到一番话不知该怎么办。有时后面甚至没有动词。

　　E. "被"字句主语的有定性。前面谈过"把"字句中"把"字的宾语的有定性。"被"字句的主语很像"把"字句的宾语，专指的比泛指的要多得多，下面是泛指的例子：

41. 原来剥削农民的地主和富农正在被改造为自食其力的新人。

（刘少奇，《政治报告》）

42. 以前工人被资本家剥削得无法生活下去了。

虽然如此，"被"字句的主语如果不带任何定语，和"把"的宾语一样，往往是有定的，例如：

43. 书叫人家拿走了。
44. 房子被人家霸占了。

"被"字句的主语更不会是原来不存在的事物，此外，跟"把"字的宾语相同的是，"被"字句的主语前面若只带有数量词，也是专指的而非泛指的，如：

45. 刚才啪的一声，是一个玻璃杯被我砸了。
46. 在这次战斗中，两个同志牺牲了，三个同志被打伤了。

F. 很多他动词不能用在"被"字句中。正像很多非处置性的他动词不能用在"把"字句中一样，有些他动词也不能用在"被"字句中。很多动词是既不能用在"把"字句中，又不能用在"被"字句中的，例如"有、在、当（教员）、得（病）、起（作用）、像、属于、接近、离开、依靠"等；有些动词是可以用在"被"字句中而不能用在"把"字句中的，例如"知道、看见、听见、碰到、信任、拥护"等。至于能用在"把"字句而不能用在"被"字句的动词似乎没有。由于不是所有的他动词都能用在"把"字句中，不是所有的"主—动—宾"的句子都可转变为"把"字句，同样的，不是所有的主动句子都能转变为"被"字句。

"被"字句和"把"字句除了上面所说的六点相同的地方以外，还有两点不同的地方：

A. "被"字可以直接放在动词前面，"把"字就不行，例如：

1. 方知妙玉被劫，不知去向。　　　（《红楼梦》，第一一三回）
2. 阎家山就被称为"模范村"了。　　（赵树理，《李有才板话》）

3. 近百年来骑在中国人民头上的外国帝国主义势力已经被赶走了。

（刘少奇，《政治报告》）

"被"加动词可以做名词的定语，还可以跟"的"字组成"的"字结构，如：

4. 老爷可知这被卖的丫头是谁？　　　　　　（《红楼梦》，第四回）
5. 这个被打死的乃是一个小乡宦之子。　　　　（《红楼梦》，第四回）

"被"字直接放在动词之前就不能再认为是介词了，可以算做助词，表示后面动词是被动性的。

　　B. "把"字可以用在命令句中而"被"字不能用。命令句（或表示建议的句子）是一种主动性很强的句子，跟被动性是不相容的。不但"被"字不能用在命令句中，连"挨、遭、受"这些主动形式被动性质的动词也很少用在命令句中。跟"被"字的作用和意思相近而可以用在命令句中的有"吃"字，例如：

6. 你这厮原来也怎的歹，且吃我一刀！　　　　（《水浒传》，第十回）

这字在现代汉语也还有被动的意味，例如：

7. 糊涂涂……又吃不住挤。　　　　　　　　　（赵树理，《三里湾》）

（三）"被、把"互见的句子

　　"把"字句和"被"字句虽然是性质相反的两种句子，却是可以合并在一个句子里面。"被、把"互见的句子，一定是"被"字在前，"把"字在后，而整个句子是被动的语势。一般的情况，"把"字的宾语所代表的事物是属于句子的主语的，例如：

1. 宝玉……被袭人将手推开。　　　　　　　　（《红楼梦》，第二一回）
2. [薛蟠]竟被人生生的把个罪名坐定。　　　　（又，第三四回）
3. 司棋被众人一顿好言语方将气劝得渐平了。　（又，第六一回）
4. 黄大少爷碰见你，他要不教你把血吸光，算我认错人啦。

（师陀，《大马戏团》）

有的时候，"把"字的宾语可以算做一种复指成分，它所代表的人或事物就是主语所代表的：

5. 可惜他不在村里了，叫人家广聚把他撵跑了！

（赵树理，《李有才板话》）

这种句子是可以不用"把"的，如果去掉"把"和它的宾语，句子结构和意义都不受什么影响。

（四）"被"字句叙述不愉快、不如意的事情

"被"字句在"五四"以前的白话中确实是以叙述不如意或不愉快的事情占绝大多数。所谓不愉快或不如意，可以是对主语说的，例如：

1. 南边带来的一个家人，也被杀死在后院里。（吴研人，《恨海》，8页）
2. 鹤亭被他追问不过，只得直说了。   （又，10页）

也可以是对说话人或者某一关系者说的：

3. 我看得这一对女孩子实在好，恐怕被人家先说了去。   （又，1页）
4. [字帖儿]贴不上几天，便被人家的招帖盖住了，有何用处？

（又，6页）

例3的"被人说了去"做媳妇，对"这一对女孩子"没有什么不愉快，但对说话人来说，不能说来做自己的儿媳妇，就是不愉快的了。例4的"被人家的招帖盖住"，对"字帖儿"这个非活生体无所谓愉快不愉快，但对贴字帖儿寻人的人来说，当然也是不愉快的了。《恨海》这本小说的三十多个"被"字句中，绝大部分是对主语不愉快的，一小部分是对说话人或者关系者不愉快的，只有一句是说一种愉快的情况的：

5. 便觉得身体忽然轻如败叶，被风吹起，飘飘荡荡的，好不快活。

（53页）

但是有时也不是不愉快，而是说明受事者（主语）因受某事的影响而不能进行某一行为的情况，例如：

1. 黛玉知是外祖母了，正欲下拜，早被外祖母抱住，搂入怀中，"心肝儿肉"叫着大哭起来。　　　　　　　　　（《红楼梦》，第三回）

2. 林之孝家的头里听了紫鹃的话，未免不受用；被李纨这一番话，却也没有说的了。　　　　　　　　　　　　　　（又，第九七回）

3. 王夫人被薛姨妈一番言语说得极有理，想了一回，也觉解了好些。
　　　　　　　　　　　　　　　　　　　　　（又，第一二〇回）

例 1，黛玉被贾母抱住，并不能说是不愉快的事，但是黛玉原想下拜，现在被阻挡住了。例 2，林之孝家的听了李纨的话，只有比以前稍微受用了一点，但是她却不能说什么了。例 3，王夫人听了薛姨妈的话只有宽慰了一些，但不再像以前那样发愁了。

在《红楼梦》中找到的一个例外是：

4. 我常说还要作这个梦再不能的，不料今日被我找着了。（第一一六回）

这是宝玉第二次作梦到太虚幻境时说的话。对主语"梦"来说，无所谓愉快不愉快，而对"我"（宝玉）来说，反而是很高兴的事。

更进一步可以证明的是，一些原来无所谓愉快不愉快的事，用了"被"字就肯定地变为不愉快的了，例如：

5. 这拐子又悄悄的卖与了薛家，被我们知道了。（《红楼梦》，第四回）
6. 那知刚才所说的话早被跟邢夫人的丫头听见。　　（又，第一一九回）

例 5，对拐子而言，被人知道这事正是他所不愉快的。例 6，邢夫人等商量聘巧姐儿的话当然是不愿意让人听见的。在我们日常生活中间，如果说什么事被谁知道了，被谁听见了，被谁看见了，往往是不要人知道、听见、看见的事。

"被"字句表示的不愉快和不如意既然又可以针对主语而言，又可以针对说话人而言，就必然会有矛盾的情况，换言之就是对主语不愉快的可能是对说话人愉快的，或者相反。例如下面这一句里，"被……侵占"对我们中国人民是不愉快，对敌人是愉快的；"被赶走"对我们是愉快的，对敌人是不愉快的：

7. 除台湾还被美国侵略者侵占以外，近百年来骑在中国人民头上的外
国帝国主义势力已经被赶走了。   （刘少奇，《政治报告》）

"被"字句所叙述的不愉快既然可以对主语说，也可以对说话人说，因此并
不牵涉到说话人的立场问题。

现代汉语受了外文的影响，叙述并非不愉快的事情的"被"字句增多
起来了：

8. 最后他们的意见被蒋介石采纳了。   （毛泽东）
9. 同志们不断地被他吸引到身边。   （宋之的，《草地颂歌》）
10. 阎家山就被称为"模范村"了。   （赵树理，《李有才板话》）

但是渐渐地出现了一些滥用"被"字句的情况。例如在报纸上会经常看到
用"我们被告诉……"来代替"我们听说……"，这是很不合汉语习惯的。
我们应该注意，虽然"被"字的运用范围已经放宽，但是除非强调被动，
不要随便用"被"字句，说"当选"和"得奖"，比说"被选"和"被奖"
现成得多。

（五）不用"被"字的被动句

主语是受事而不用"被"字的句子，在汉语中比"被"字句要多得多。
这些句子里有些的确是洪心衡先生所说的并非被动句，但是其中有一部分
还可以算是被动句。我认为这类句子究竟是否被动式要从谓语是叙述性的
还是描写性的来决定。而谓语是否叙述性的，可以从句子结构上决定，下
列各种动词结构可以算做叙述性的：

A. 单独的动词或动词带助词：

1. 我们的仗打不打？   （刘白羽，《火光在前》）
2. 工人阶级……它的队伍扩大了。   （刘少奇，《政治报告》）
3. 这个任务，已经在一九四九年实现了。   （又）
4. 电滚子、风窝子……如今也都一起到处堆放着。

                 （周立波，《铁水奔流》）

B. 动词后有简单的、不用"得"字的补语，或有介词结构：

    5. 房子收拾妥当以后……　　　　　　　　　（赵树理，《三里湾》）

    6. 他这个外号起过两回。　　　　　　　　　　　　　　（又）

    7. 火把高高举起来了。　　　　　　　　　（刘白羽，《火光在前》）

    8. 仗快打完了。　　　　　　　　　　　　　　　　　（又）

    9. 你的爸爸……钉死在这里。　　　　　　　　　　　（又）

    10. 但是现在一个现实问题摆在面前。　　　　　　　　（又）

    11.……灵芝和玉生订婚的消息已经传到他耳朵里。

                        （赵树理，《三里湾》）

C. 动词另有宾语：

    12. 眼看生米作成熟饭就无可奈何了。　　　　　　　（又）

    13. 社里的分配办法搞出头绪来了。　　　　　　　　（又）

D. 主语是动词的意念上的远宾语或近宾语：

    14. 他家的房子什么时候借给干部住过？　　　　　　（又）

    15. 打胜了，弟兄们每人赏一两土！　　　　　（茅盾，《小巫》）

这些都可以算被动式，它们和那些有"被"字的被动式没有什么分别，有些甚至可以加上"被"字，如例6、7、9。这些句子之不用"被"，是因为像张志公先生所指出的那样，被动的意味非常明显，不需要用"被"来表明。但是谓语是描写性的就不能算做被动句。下列各种结构可以算做描写性的：

A. 动词前带能愿动词：

    16. 渠可以开，但说服工作一定还得作。　（赵树理，《三里湾》）

    17. 那里的门也不用看了。　　　　（赵树理，《李家庄的变迁》）

B. 谓语和补语之间有"得"或"不"字的：

    18. 街上的哪里听的见。　　　　　　　　（《红楼梦》，第四〇回）

19. 老百姓的话都听不懂。　　　　　（刘白羽，《火光在前》）

20. 课又上不成了。　　　　　　　　（赵树理,《三里湾》）

21. ……王梅的课本封面上的名字写得歪歪斜斜的。　　（又）

22. ……让大家都看活儿作得整齐不整齐。　　　　　　（又）

23. 不过他的话说得很圆滑。　　　　　　　　　　　　（又）

24. 活儿作得叫人痛快。　　　　　　　　　　　　　　（又）

25. 恐怕是事情已经闹得放不下了。　　　　　　　　　（又）

C. 动词前有"好、难"之类形容词的：

26. 这件事真难办。

27. 婶婶的西房要是不好腾……　　　　　（赵树理,《三里湾》）

28. 就是这南方的生活不好过。　　　　　（刘白羽，《火光在前》）

29. 这问题容易解决。

这些句子描写性很强，被动语势就非常弱，有些甚至可以去掉动词而并不大影响句子的意思，如例22可以说成"……活儿整齐不整齐"，例23可以说成"不过他的话很圆滑"。至于被动性的动词前面带能愿动词的，有些已经成为固定的形容词，如"可怜、可爱、可恨"；被动性的动词前加"好、难"之类的也像是一个词，如"好看、好听、难吃"。无疑的，也会有些句子很难决定究竟是叙述性的还是描写性的。这还要作更深入的研究。

汉语中还有一种不用"被"字的被动句值得注意，就是有"是……的"结构的句子。凡是着重说明一件事是怎样做的，或什么时候、什么地点做的等等，就不用"被"字，而用"是……的"，例如：

30. 况且这话是告诉得二奶奶的吗？　　　（《红楼梦》，第九七回）

31. 哪个坟里的骨头是骂死的？　　　　　（赵树理,《三里湾》）

32. 这本书是去年写的。

如果说明是什么人做的，动词就是主动的，而结构也一样：

33. 这些人都是我杀的。　　　　　　　（赵树理,《李家庄的变迁》）

这种句子带有一种解释语气，即使动词是被动性的，被动语势也非常弱了。

（六）"挨、遭、受"与"被"的比较

"被"字在以前的白话里还偶尔可以做动词，例如：

> 元帝庙里被了盗，便叫土地去查访。　　　　（《红楼梦》，第一一七回）

但是在现代汉语里只是介词或助词了。"挨、遭、受"就不同，它们是动词。这三个词都是用主动形式表示被动意义的。一般说来，"被"字往往引出施事，而这三个词大都只说明遭受的事，而不说明施事。这三个词在语法上还不完全一样，现在分开讲讲：

A. "受"——"受"字的宾语可以是名词、形容词或动词。宾语是名词的，例如：

> 1. 他受了一辈子的罪。
> 2. 再也不受冤枉气。　　　　　　　　　　　（赵树理，《李有才板话》）

宾语是动词的，例如：

> 3. 大家眼看自己惹不起的厉害人受了碰。　　　　　　　　　　（又）
> 4. 我是受不得这样折磨的。　　　　　　　　（《红楼梦》，第一一一回）
> 5. 她是不受人抬举的。

宾语是形容词的，例如：

> 6. 受了一辈子穷。　　　　　　　　　　　　（赵树理，《李有才板话》）
> 7. 叫我受了累。　　　　　　　　　　　　　（赵树理，《三里湾》）
> 8. 受了一切的苦……　　　　　　　　　　　（刘白羽，《火光在前》）

施事有时可以作为定语出现：

> 9. 有翼受了灵芝一顿碰。　　　　　　　　　（赵树理，《三里湾》）
> 10. 他受了胡殿文的好多肮脏气。　　　　　　（周立波，《铁水奔流》）
> 11. 省得受孙家那混账行子的气。　　　　　　（《红楼梦》，第八一回）

"受"字除了用来叙述不愉快的事情以外，也可以用来叙述愉快的事情，例如：

12. 总要受得富贵，耐得贫贱才好呢。　　　（《红楼梦》，第一〇八回）
13. 咱们两个人都是不受青年们欢迎的人物。　　（赵树理，《三里湾》）

B. "挨"——"挨"的宾语可以是名词、动词或形容词。名词做宾语的如：

14. 只会缩着脖子挨刀。　　　　　　　　　（赵树理，《李家庄的变迁》）
15. ……挨多么粗的鞭子。　　　　　　　　　　　　　　　　（又）
16. 有翼听了这话好像挨了一颗炸弹。　　　（赵树理，《三里湾》）
17. 他嘴上挨过一粒子弹打碎了牙床。　　　（刘白羽，《火光在前》）

"挨"的名词宾语与"受"的名词宾语似乎不一样，"受"的宾语一般是抽象的事物，而"挨"的名词宾语往往是具体的事物，而且严格说来是施事，至于这施事的动作或是不言而喻的，或是像例17那样用兼语式说明的。动词做宾语的如：

18. 挨了一切的磨难。　　　　　　　　　　（刘白羽，《火光在前》）
19. 不知挨了多少打。　　　　　　　　　　（陈登科，《活人塘》）
20. 孙在涛怕挨斗争。　　　　　　　　　　　　　　　　　　（又）

形容词做宾语的不多，如"挨饿、挨冷"等。

C. "遭"——"遭"用得不如"挨、受"多。宾语往往是比较严重的不幸的事，如"遭殃、遭劫、遭水灾"。"遭"又可以和"受"结合成为"遭受"，也是用在不愉快的事上。

一般说来，这三个字各有各的宾语，大部分是不能互相代替的；但也有少数的词不受这个限制，如"受罪"和"遭罪"、"挨饿"和"受饿"。至于为什么某些词只能做这一个的宾语而不能做另一个的宾语，是由于习惯还是由于其他原因，还需要进一步研究。

附注：

① 王力，《中国现代语法》上册，第 161 页，中华书局，1954 年出版。

② 王力，《中国现代语法》上册，第 165 页，中华书局，1954 年出版。

③ 王力，《中国现代语法》上册，第 168 页，中华书局，1954 年出版。

④ 王力，《中国语法理论》上册，第 170 页，中华书局，1954 年出版。

⑤ 王力，《中国语法理论》上册，第 170 页，中华书局，1954 年出版。

⑥ 王力，《中国语法理论》上册，第 171 页，中华书局，1954 年出版。

⑦ 吕叔湘，《汉语语法论文集》，第 127 页，科学出版社，1955 年出版。

⑧ 吕叔湘，《汉语语法论文集》，第 128 页，科学出版社，1955 年出版。

⑨ 吕叔湘，《汉语语法论文集》，第 130 页，科学出版社，1955 年出版。

⑩ 吕叔湘，《汉语语法论文集》，第 131 页，科学出版社，1955 年出版。

⑪ 吕叔湘，《汉语语法论文集》，第 132 页—143 页，科学出版社，1955 年出版。

⑫ 吕叔湘，《汉语语法论文集》，第 144 页，科学出版社，1955 年出版。

⑬ 张志公，《汉语语法常识》，第 84—86 页，新知识出版社，1956 年出版。

⑭ 胡附、文炼，《现代汉语语法探索》，第 124 页，新知识出版社，1956 年出版。

⑮ 胡附、文炼，《现代汉语语法探索》，第 129 页，新知识出版社，1956 年出版。

⑯ 胡附、文炼，《现代汉语语法探索》，第 126 页，新知识出版社，1956 年出版。

⑰ 胡附、文炼，《现代汉语语法探索》，第 129 页，新知识出版社，1956 年出版。

⑱ 胡附、文炼两先生认为"我把楼上"之所以不能说是因为"这个单音动词很难加上补语或附加语"，见《现代汉语语法探索》，第 131 页，新知识出版社，1956 年出版。

⑲ 即使在例（10）中，对"我"说来，也须通过"买"才能有"一本书"，因此"一本书"原先对"我"也是不"存在"的。下文所说的"存在"，都应该从这样宽泛的意义上去了解。

⑳ 例（10）（11）（14）如果去掉"把"字，副词的位置要有变动，但是并不影响谓语和宾语的次序。

㉑《脂砚斋重评石头记》中这一句是"人家才拿你当个正经人"。

㉒ 本节引述王力先生的意见均见所著《中国现代语法》上册第 172—181 页，中华书局，1954 年出版。

㉓ 本节引述张志公先生的意见均见所著《汉语语法常识》第 87—93 页，新知识出版社，1956 年出版。

㉔ 北京话中"给"字不能代替"被"（它直接加在动词前面加强语气），但在文学语言中有这种用法，如例（15）。

㉕ 见《中国语文》1953 年 3 月号，第 29—30 页。

㉖ 洪心衡，《汉语语法问题研究》，第 24—27 页，新知识出版社，1956 年出版。

㉗ 萧斧，被动式杂谈，见《语文学习》1952 年 3 月号，第 42—45 页。

㉘ 王力，《中国现代语法》上册，第 165 页，中华书局，1954 年出版。

"把"字句中"把"的宾语

我在 1959 年为上海教育出版社的《汉语知识讲话》丛书写了《"把"字句和"被"字句》这一小册子。在谈到"把"字的宾语时下了这样一个结论:"我们可以说'把'字句的宾语必须具备下列条件之一:

甲、某一或某些专指的人或事物。

乙、某一或某些在动作前已经存在的人或事物,专指泛指都可以。"

我所说的"专指"就是一般所谓"有定"的,"泛指"就是一般所谓"无定"的。宋玉柱先生在《语文研究》1981 年第 2 期的《关于"把"字句的两个问题》中举了三个例子说明我上面那个结论有问题:

1. 你总不能把房子盖到别人家去吧。
2. 他是一位有才华的作家,能把文章写得引人入胜。
3. 你以后可以把信写清楚,别这么云山雾罩的。

这三句中"把"的宾语确实是在动作以前不存在,可又是泛指的,而这三句确实是很好的"把"字句。

去年为了《汉语知识讲话》丛书再版,我又把"把"字句琢磨了一番,发现 1959 年为"把"的宾语下的结论确实错了,我现在认为:

一、在动作前不存在的泛指的人、物是可以做"把"字的宾语的,但要有一定的条件。

二、动作前不存在的泛指的人或物之所以不能用简单的处置性的动词构成"把"字句,不是因为事物不存在,无所谓泛指专指,而是因为那个动词在那种情况下变为非处置性的了。

三、"把"字的宾语不限于专指、泛指两种,而是有第三种:通过动作而确定下来的某一或某些人或事物。

我现在想把我在思索过程中发现的一些有趣的语言现象以及我的思索

过程写下来，供对此有兴趣的同志们继续研究。

首先，我发现在许多动宾结构中，当动词和没有修饰语的名词结合时，给人的语感很像是双音动词，如"看书"、"吃饭"、"唱歌"、"写信"、"开灯"、"算账"等等，更不用说"洗澡"、"睡觉"、"吃亏"、"上当"这一类熟语了。即使宾语是双音的，或动词及宾语都是双音的，如"看电视"、"织毛衣"、"讨论问题"、"参加会议"等等也一样给人以动词的感觉。就是说，说话的人注意力是放在做这件事的行为上，而宾语是非常不重要的，这里的宾语似乎只是满足动词的需要，至于它的数量、性质等等说话人没有考虑，认为没有必要传达有关方面的信息。这时作为宾语的名词是最典型的"无定"的，也就是"泛指"的。但是如果宾语前加了数量修饰语，情况就完全不同了。如果是叙述已发生的某一事件，这宾语就不再是"无定"的，而只能是受该动作控制的那一个或一些。在"我打破了两个玻璃杯"、"我吃了一个馒头"中的"两个玻璃杯"和"一个馒头"不可能是任何两个玻璃杯或任何一个馒头。我下面举一个非常有趣的例子。如果一位女同志在医院分娩了，消息灵通人士向大家宣布这一喜讯时，一般要说下面三句话中的一句：

4. 小张今天早上生（孩子）了。

5. 小张今天早上生了个女孩儿。

6. 小张今天早上生了个男孩儿。

他用不着说："小张今天早上生了个孩子。"在上面这个语言环境中，宣布消息的人所要传达的信息只可能有两项：1. 小张生孩子这件事已经发生，2. 她生的是男孩儿还是女孩儿。值得注意的是，如果要传达第一个信息，完全可以不要宾语，"生了"就足够了。即使加上宾语，也只是"孩子"这个中性的、实际上不增加任何信息的宾语。如果要传达第二个信息，实际上包括了第一个信息，就必须明确是一个男孩儿还是一个女孩儿。"生了一个孩子"从形式上看是应该给生什么的信息，而从内容上看却又不能传达这一信息，所以在这种语言环境中，说汉语的人不会说这样一句话。当然，在其他语境中这也许是很恰当的表达方式。

另外，"小张今天早上生了一个女孩儿"是不可能用"把"字句来表达的。一般的解释是因为"一个女孩儿"是无定的。这种名词前带数量修饰语的，一般都认为是无定的。但是很明显，"生了一个女孩儿"中的"一个女孩儿"和"生孩子"中的"孩子"很不一样。把它们归为一类："无定"，是不够妥当的。

现在我们来谈谈"有定"、"无定"的问题。这种名词前带数量修饰语的结构之所以被认为是无定的，我认为是受英语语法的影响。英语有所谓"冠词"article，分为两种：the 是定冠词（或叫有定冠词）；a 或 an 是不定冠词（或叫无定冠词）。定冠词英语叫 definite article，不定冠词叫 indefinite article。英语的 a 或 an 常与汉语的"一个"相当，于是名词前带"一个"之类的修饰语的一般便认为是无定的。但即使在英语语法中也有两组不同的概念，不容混淆。一组是 definite 和 indefinite，指 the 和 a 或 an 两种冠词，另一组是 specific 和 generic，即所谓"专指"和"泛指"(后者或叫类指）。汉语根本没有冠词，当然也就没有 definite 和 indefinite 的概念。和"把"字的宾语有关的其实是"专指"和"泛指"这组概念，与英语的 specific 和 generic 正好相当。但是 definite 和 indefinite 跟 specific 的 generic 并非无关。我们现在看看 R.Quirk 等所著 *A Grammar of Contemporary English* 一书里面是如何论述 specific 和 generic reference 和冠词的关系。在该书 147 页上有个例句：A lion and two tigers are sleeping in the cage.（一头狮子和两只老虎睡在笼子里。）下面解释这里的 a lion 和 two tigers 都是 specific（专指）的，因为我们谈到的是笼子里的狮子和老虎，而不是任何狮子和老虎。可见不定冠词或其他数量修饰的名词可以是专指的。下面另有一例句 Tigers are dangerous animals.（老虎是危险的动物。）这时 tigers 就是 generic，是泛指的了，因为指所有的老虎或任何老虎。从汉语角度说，不带任何修饰语的名词可以是泛指的，如这里的"老虎"以及前面"生孩子"的"孩子"，虽然并不总是泛指的。该书同页上还有些例子：

The German is a good musician.

A German is a good musician.

The Germans are good musicians.

Germans are good musicians.

这四个例句译成汉语都一样：德国人都懂音乐。这里不论 the, a，以及单复数都是 generic，而汉语译文中的"德国人"也是泛指。但是无可讳言，英语的 the 在很多情况下确实表示专指，如该书 150 页的例子：

Where is the pen
Where are the pens } I bought ?
Where is the ink

我买的 { 钢笔 / 墨水 } 哪儿去了？

由于受 I bought 的限制，这三句中可数名词 pen 的单数、复数，以及不可数名词 ink 都是专指的，因而前面都要加上 the。这种情况是很多的。与之相应的"我买的钢笔墨水"也是专指的，但多为人称做"有定"的。不过汉语里没有相当于 the 的东西，除了"我买的"之外，没有其他修饰语。汉语中没有修饰语的名词是可以表示专指的，但多以主语形式出现，也就是说出现于述语之前，如："信已经写好的。""邮递员还没来。"这两句如译成英语，"信"和"邮递员"前面都要用 the。由此看来，定冠词有时可以表示专指，有时可以表示泛指，不定冠词也一样。而汉语又没有冠词，用"有定"、"无定"这样的术语只能引起混乱。更何况大家用"有定"、"无定"时所指的概念实际上是专指和泛指，所以在论述"把"字的宾语时最好用"专指"、"泛指"这组术语。

现在我们再回头来看前面"小张生了一个女孩儿"这个例子。这是不能用"把"字句来表达的。其所以不能用"把"，一般解释是因为"一个女孩儿"是无定的。但是"我不小心把一个杯子砸了"，为什么又可以说呢？无定也好，泛指也好，"一个女孩儿"和"一个杯子"总是一类的。宾语性质相同，原因只能从动词上去找。"砸了"和"生了"的区别就在于"生了"的宾语"一个女孩儿"是在"生"这个动作以前不存在的。这一类动词，如果后面不带什么复杂的成分，只带一个有数量修饰的宾语，都是不能构成"把"字句的，如"他写了几首诗"、"老李买了三斤苹果"、"小林织了一件毛背心"、"你给他倒一杯茶喝"。以下是从文学作品中摘来的一些例子：

7. 它们酿造一斤蜜，大约要采五十万朵左右的花粉。

（《燕山夜话·咏蜂和养蜂》）

8. 生产队……曾打算在果园旁给他盖一间屋……　　　（《小城故事》）

9. 如果有人把这一方面的材料收集起来，一定可以编出一部好书。

　　　　　　　　　　　　　　　（《燕山夜话·交友待客之道》）

10. 他涂得挺认真，像是一位画家正在精心创作一幅图画。

　　　　　　　　　　　　　　　　（《没有靶标的小岛》）

11. 他找来一些废铁丝，精心扎了一个小笼子。　　　（同上）

在这些句子中，动词的功能是使后面的事物从无到有，而不是对已确实的或已存在的事物进行某种处置，但是这类动词是否永远不能用于"把"字句呢？也不是，例如：

12. 你赶快把两篇文章写了吧，编辑部又来催了。

13. 他把几首诗写得一点诗味都没有。

14. 小林把一件毛背心织得又肥又长。

15. 小张把个孩子生在火车上了。

16. 他把个小笼子扎得玲珑剔透，精致异常。

例12中的"两篇文章"是"你"早和编辑部说妥要写的，所以是专指的，"写"是对已确实的"文章"的处置方法，当然可以用"把"字句，如果一般请人写文章，则只能说"你给我们写两篇文章吧"，而不能用"把"字句。其余四句中"把"的宾语则不是专指的，但也不是泛指的，因为所指的事物并不是任何一个，而只能是受句中动词控制的那一个，是通过动作而确定下来的那一个。我现在称之为"确指"的。[①]这一类确指的宾语能用于"把"字句是有条件的，那就是动词要带上后附成分，说明宾语受到什么样的处置，或者说，句子的重点原来是从无到有，现在必须转移到说明宾语通过动作成为一种什么状态。最有趣的是例15。我们虽然不能说"小张把个女儿生在火车上了"是一定不能说的，但是说汉语的人大概很自然地会说"把个孩子生在火车上了"，又用起这中性的、不给任何信息的宾语来。因为这句话的主要信息是"生在火车上"，而不是女儿或儿子。

这种"确指"的宾语只可能用于两种动词：或者是上面所说的宾语必须赖以产生出来的动词，或者是一种意外的行动，如"他的汽车昨天把一棵小树撞倒了"、"冰雹把一片麦地全砸了"、"我一不小心，把一杯酒全洒在衣服上了。"这种表示意外行动的动词的受事，固然可以是专指的，但也可以是确指的，即动作前不确定，通过动作而后确定，所以既不是专指也不是泛指。另外，这种确指的宾语出现于"把"字句的必须是叙述某一件已成事实，而不会是条件、假设或一般无时间性的道理的论述。

所以我们说"把"字句中"把"的宾语可以有三种：

一、确指的。如上面所论述的两种动词的宾语，条件是句子是说明某一已实现的事件。如宾语所表示的事物在动作前不存在，则表示该动作的动词必须带上后附成分，说明宾语如何受到影响。

二、泛指的。这种"把"字句最常见的是一般道理的论述，没有什么时间性，下面是从文章中摘来的一些例子：

17. 最近苏联也有人把意义看做是语言之外的范畴。

（宋振华、刘伶，《语文理论》）

18. 我们平常把大豆拿去榨油，主要目的是为了提取它所含的脂肪……

（《燕山夜话·大豆是个宝》）

19. 他们正好可以把自学与家传相结合。　（《燕山夜话·自学与家传》）

20. 这种宇宙观把世界一切事物，一切事物的形态和种类，都看成是永远彼此孤立和永远不变化的……　　　　　（毛泽东，《矛盾论》）

21. 他们把一般真理看成是凭空出现的东西……　　　　　（同上）

如果这种泛指的事物是动作前不存在的，则动词后面的后附成分是必要的条件，如本文例1、2、3，以及下面一句：

22. 那么，应该怎样努力才能把字写成呢？（《燕山夜话·大胆练写字》）

三、专指的。这是最常见的"把"的宾语，只要动词是处置性的，都可用"把"字句，不需要任何条件。

附注：

①在1983年上海教育出版社再版的《"把"字句和"被"字句》中，我把这类宾语叫做"有定"的，因为当时没有想到用"确指"。那是不得已，既然我的"确指"和一般所谓的"有定"不同，还是用个不同的名称好些。

（原载《中国语文》1985年第1期）

动词重叠

我们常说动词的一个特点是可以重叠。其实不能重叠的动词多得很，例如"有、活、死、像、在、懂、怕，忘记、相信、产生、崩溃、讨厌、采取、认为、觉得"等等。这些是绝对不能重叠的。另外，又有些动词是必须在一定情况下才能重叠的。现在就想试着谈谈有关动词重叠的一些情况。

首先需要说明，这里所谈的重叠，是指不论单音双音动词，重叠后，前一个读重音，后一个读轻音的，以及重叠中嵌"了"字的。不谈那种"说说笑笑、打打闹闹"这类的重叠。至于单音动词重叠中加"一"字的格式（"看一看"）和单纯重叠的格式（"看看"）是否相同，也暂且不谈。

一般的语法书和语法学家都认为动词重叠是表示量的，这很有道理。不过我觉得动词重叠起来表示的量，总的说来，可以分为两类：一类是以一次完整动作作为一个单位的，这时动词重叠起来表示多次行动，重叠之间永远不能嵌"了"字。另一类是以动作的一个片段为一个单位的，这时动词重叠起来表示一次行动，重叠之间可以嵌"了"字。第一类中又有两种情况：

一、表示一个动作需要反复多次，这种情况常表示一种愿望或说明一个道理。例如：

1. 我从此以后要做点慈善事业，积积德，弥补弥补。（曹禺，《日出》）
2. 我应该多观察观察这一帮东西。   （同上）
3. 布鞋穿穿就会大。
4. 什么东西原来吃不惯的，吃吃就惯了。

二、表示常发生的动作，有轻松悠闲的意味，或表示通过这些动作，很容易地就把时间打发掉了。例如：

5. 他退休了以后，平常看看书，下下棋，和老朋友聊聊天，倒也不寂寞。

6. 会议已经开完，这几天他看看电影，买买东西，收拾收拾行李，就等着回家了。

这种轻松意味在下面例句中表现得很突出。在曹禺的《日出》中，潘月亭怀恨李石清偷看了他的秘密，他把李石清解雇之后，故意以轻松、讽刺的口吻对李说：

7. 有机会你还可以常常开开人家的抽屉，比如看看人家的房产是不是已抵押出去了，调查调查人家的存款究竟有多少。

我们还可以看个反面的例子。骆宾基的小说《王妈妈》中，王妈妈解放前不得已去投靠亲家，不好意思白吃人家的，整日劳动：

8. 来了，总是背着外孙女儿，白天到山腰去拾柴，晚上又是洗衣裳，又是铡草，喂牲口，整日价操劳。

像这样的紧张劳动就不用重叠的动词了，虽然这些动作也是发生多次的。同样的动词，重叠后和不重叠意味就不一样。例如：

9. 年纪大了，作饲养员还是可以的，不就是铡铡草，喂喂牲口嘛！

除了一些绝对不能重叠的动词，其他大多数动词是可以重叠起来表示多次行动的。

至于第二类，重叠起来表示一次行动的，除了绝对不能重叠的动词外，其他绝大多数动词都可以重叠起来表示尝试，例如：

10. 他穿了穿这件衣服，看穿得上穿不上。

11. 让我喝喝这杯酒，看看好不好。

12. 哪儿都买不到那本书，不信你去买买看。

13. 你来开开这个抽屉，我怎么也拉不开。（注意，不同于："你开开抽屉找吧"，第二个"开"是补语）

14. 他倒了倒那瓶牛奶，没倒出来，冻住了。

15. 叫她生生小孩儿，她就知道做母亲的甘苦了。

16. 咱们下午讨论讨论，看这次讨论得怎样。

另外，有些动词可以重叠起来，表示一次持续一小段时间的行动。例如：

17. 你等等，我给你拿水去。　　　　　　　　　（老舍，《骆驼祥子》）

18. 有的拿着碗白干酒，让让大家，而后慢慢地喝。　　　（同上）

19. 你上这儿来住几天，躲避躲避。　　　　　　　　　（同上）

20. 徐书记又给她讲了讲酒厂的前途，摆了摆条件。（李准，《两代人》）

21. 来，我现在就教教你。　　　　　　　　　　　　　（同上）

22. 小兰看了看，伸了伸舌头说：……　　　　（李准，《耕云记》）

这种重叠，在汉语中，尤其是日常生活用语中，用得很多，但能够这样重叠的动词却远远少于能重叠起来表示多次行动的，或表示尝试的动词。请看老舍的《骆驼祥子》中的一句话：

23. 不过，要干净利落就得花钱，剃剃头，换换衣服，买鞋袜，都要钱。

要注意的是，前面两个动词都是重叠的，而"买鞋袜"中的"买"则忽然不重叠了，也不能重叠。"买"重叠起来可以表示多次行动（例6），可以表示尝试（例12），但像这里"剃剃头"、"换换衣服"的重叠的作用，"买"却没有。又例如：

24. 你等我去洗洗脸，刷刷鞋，穿上大衣，咱们就走。

同样的，这里不能说"穿穿大衣"，而"穿穿"可以表示多次行动（例3），可以表示尝试（例10）。我们再来看几组句子：

25. ┌ 他没事的时候，常去果园帮工人摘摘果子。
　　┤ 那个苹果我摘不下来，你来摘摘看。
　　└ 请你替我把那个苹果摘摘。

26. {
我很想多听听有关国际形势的报告。

我倒要听听他的报告，人家都说好。

下午两点我要听听报告去。
}

27. {
那时候真困难，就靠卖卖破烂过日子。

这些东西我卖不掉，你去卖卖看吧。

这些东西对我一点用也没有，我要卖卖。
}

28. {
这个牙不能要了，拔了吧。（不能说"拔拔"）

这些草真讨厌，把它拔拔吧。
}

29. {
我们想放了这只小鸟。（不能说"放放"）

我们想去放放风筝。
}

30. {
今天晚上我要看电影去。（不能说"看看"）

今天晚上我要看看电视去。
}

31. {
他说他不愿意去。（不能说"说说"）

他说了说为什么他不愿意去。
}

上面例25、26、27都说明有的动词可以重叠起来表示多次行动，或表示尝试，但不能重叠起来表示非尝试的一次行动。例28、29、30、31说明都是一次的非尝试性的行动，而因宾语的不同，有时可以重叠，有时不能。请看下面几组句子，同一个动词，同一个宾语（如果有宾语），既可以重叠，也可以不重叠，但两句意思不同：

32. {
你把头发剪了吧！

你把头发剪剪吧！
}

33. {
把饭煮上。

把饭煮煮。
}

34. {
蒸上馒头。

蒸蒸馒头。
}

35. $\begin{cases} 带着孩子去娘家住。 \\ 带着孩子去娘家住住。 \end{cases}$

"把头发剪剪"绝不会是把一头的长头发一下子剪成短的；"把饭煮煮"不可能是把生米煮成熟饭；"蒸蒸馒头"只能是北京所谓的"馏馏"；去"娘家住住"绝不会是永久住下去。

综合上面的例句来看，表示一次非尝试的行动的动词重叠表示动作的片断，是少量的。非永久性的，但又必须是持续一段时间的，因为必须是片断、少量的，所以"听听报告"、"看看电影"不行。因为这都是要一气听完看完的，而"听听音乐"、"看看电视"可以，因为只要听一会儿、看一会儿就可以走的。同样理由，"把生米煮成熟饭"、"把生面蒸成馒头"都不能重叠动词，而把剩饭"煮煮"，把凉馒头"蒸蒸"都可以重叠动词。又因为是必须持续一段时间的，所以"买卖东西、穿大衣"、"摘苹果、拔牙、放小鸟、剪长头发"都不行，因为这些动作都不能持续。因为是片段、少量的，如感不足，还可以重复或继续，所以这种重叠前面都可以加"再"，如果嵌"了"字，前面可以加"又"，而上面一系列不能重叠的动词，动作一下就完成了，所以也不能重复或继续，除非动作的对象换一个，如"再拔另一个牙"。

例 22 的"伸了伸舌头"实际上是一个极快的动作，并不能持续，但可以重复。还有一些类似的动词，如"皱皱眉、点点头、笑了笑"，这些还不太清楚，有待研究。

这种表示短暂的持续的重叠，也常用在哀求的口吻中，例如：

36. 可是，李先生，您得叫我活着！您得帮帮我，帮我一下！

（曹禺，《日出》）

37. 经理，您行行好，您要裁人也不能裁我。   （同上）

表示尝试的动词重叠，其中也有一部分是短暂的持续，如例 10 和例 16，但有时就很难说，如例 12 和例 15。总之，能重叠起来表示尝试的动词最多，表示多次行动的次之，表示一次非尝试的行动的又次之，也就是说有的动词绝对不能重叠，有的具备一种重叠的功能，有的两种，有的三种。

除了这些以外，有些所谓非动作性的动词，如"知道、喜欢、醒"，甚至一些形容词，如"高兴、静"，本不具备任何动词重叠的用法，有时可以重叠起来表示由不是这种情况转变为这种情况。例如：

38. 老程！老程！醒醒！　　　　　　　　　　　　　（老舍，《骆驼祥子》）

39. 我得叫你知道知道我的厉害。

40. 快告诉他这个好消息，让他喜欢喜欢。

41. 我一定可以把小东西还是活蹦乱跳地找回来，叫您高兴高兴。

　　　　　　　　　　　　　　　　　　　　　　　（曹禺，《日出》）

42. 大家静静，我有几句话要说。

　　以上是有关动词重叠的一些想法，极不成熟，也许是错误的。此外还有几个有关动词重叠的问题，连不成熟的想法都没有，现在也提出来，以供对这问题有兴趣的同志们参考，也许能对解决动词重叠问题有些帮助。

　　一、有些动词，如"哭、病、睡"等，确实可以持续一个短暂时期的，但有的却不能重叠，如"病"。例 19 的"躲避躲避"意思是"躲避几天"，为什么"病了几天"不能说"病不病"？有的可以重叠，但不能嵌"了"字。我们可以说："你去睡睡觉吧！"或像剧本《雷雨》中的一句："这是没有法子的事，——可是您得哭哭。"但是"哭了一会儿"或"睡了一会儿"却不能说成："哭了哭"或"睡了睡"，为什么？

　　二、动词重叠既是表示量的，那么否定时不重叠是很自然的，因为既然没有这个行动了，也就无量可言。例如："他洗了洗手，可我没洗。"那么我们如何解释这种现象：

　　你没有想想，咱们过去过的是啥日子！　　　（李准，《李双双小传》）
　　也不算算账！

　　三、动词重叠后，宾语如有数量词，也必须有指示代词，否则不能有数量词。例如我们可以说："我去换换这［一］件衣服"，或是"我去换换衣服"，但不能说"我去换换一件衣服"。同样，我们可以说"咱们讨论讨论这两个问题"或"咱们讨论讨论问题"，但不能说"讨论讨论两个问题"。为什么？

　　　　　　　　　　　　　　　　　　　　（原载《中国语文》1963 年第 1 期）

说"在"

这里要谈的"在"是介词的"在"，而且仅限于用在表示地位的词（或词组）之前的"在"，并不包括用在表示时间的词（或词组）之前的"在"。

"在＋地位词（或词组）"这种结构，总起来说表示两种意义：（1）表示某个动作在什么地点发生，或某种状态存在于什么地点；（2）表示动作的施事或受事因动作的结果达到什么地点。这两种用途决定了"在X"在句中的位置。一般说来，第一种放在动词之前，而第二种放在动词之后；但是其中也有些例外。现在分别说一说。

（一）"在X"＋动词（后置成分）

A. X是动作发生的地点：

在田野上前进

在椅子上睡觉

在大礼堂看电影

在北京长到十三岁

他在口袋里掏来掏去

我在字典里查不着这个字

双方在联合公报中宣布……

最后三例的施事虽然不可能处于所指出的地点，但是动作仍然是在那里进行的，所以仍属于这一类。这些例子中的动词，有的不带后置成分，有的带宾语或补语。动词的宾语和"在"的宾语并不通过动词所代表的动作发生什么关系。这些都不能倒过来，把"在X"放在动词之后。这一类是最典型的"'在X'＋动词"。

B. X 是动作发生的地点，同时也是受事因动作而达到的地点：

　　在黑板上写字

　　在山脚下挖战壕

　　在墙上贴了一张标语

　　在所有的井里都下了毒药

　　在西北集中了四十至五十万大军

这些例子中，"在 X"之后都是动宾结构。我们虽然可以说"写"的动作是在"黑板上"进行的，"贴"的动作是在"墙上"进行的，等等，但是这一类和前一类之不同在于动词的宾语所代表的事物，通过动作而达到（或出现于）"在"的宾语所代表的地点，例如"毒药"通过"下"而达到了"井里"，"战壕"通过"挖"而出现于"山脚下"。由于这个特点，这类句子可以变成"在 X"放在动词之后的句子，例如：

　　有字写在黑板上
　　·
　　有一张标语贴在墙上
　　·

（二）动词 + "在 X"

A. X 是施事通过动作达到的地点：

　　他倒在床上

　　血滴在地上

　　石头掉在水里

　　雨下在田地里

这些例子中，动词都是不及物动词。这些都不能倒过来把"在 X"放在动词之前。

B. X 是受事通过动作达到的地点：

　　标语贴在墙上

　　鸡养在院子里

　　仇恨记在心里

　　他关在监牢里

这些例子中的动词都带有被动性质。

　　C. X 是受事通过动作达到的地点，句中用"把"字：

　　把字写在黑板上

　　把标语贴在墙上

　　把他关在监牢里

　　如前所述,（一）类中的B式和（二）类中B、C两式是可以互相变换的，但三种句式所表达的意思重点不同：

　　（一）类B式的重点在于说明在某地点做某事，而不在于说明受事达到的地点。例如：

　　你怎么在黑板上画画儿呢？

如果重音放在"黑板"上，意思是画画儿这件事不该在黑板上做而应该在别的地方做；如果重音放在"画儿"上，意思是在黑板上不该画画儿而该做别的。

　　（二）类B式的重点在于说明受事达到的地点，而不在于说明在某地点做某事。例如：

　　画儿怎么画在黑板上了呢？

意思是画儿应该画在别的地方，而不应该画在黑板上。

　　（二）类C式的重点在于说明施事如何处置受事：

　　你怎么把画儿画在黑板上了呢？

意思是说你不应该把画儿画在黑板上，而应该画在别的地方。

　　在动词中有一些持续性的或者表示状态的单音动词，如"住、睡、坐、走、躺、趴、漂"等，放在"在X"前后都可以，而且意思往往没有什么区别。例如：

　　他住在北京

> 他在北京住

一般地说，这类动词放在"在 X"之后，大多要带助词或补语，能单独用的情况较少。"生、死"两个动词虽非持续性的，但也属于这类：

> 他生在北京
> 他在北京生的

由于汉语中所固有的这种现象——持续性的单音动词可以比较随便地放在"在 X"之前或之后，现在书面语中也出现了一些持续性的双音动词放在"在 X"之前而实际意义属于（一）类而非（二）类的情形，例如：

> 他们生活在矿山上
> 志愿军战斗在朝鲜
> 留学生学习在北京大学

但在口语中，这种意思还是用（一）类的句式来表达。[①]

此外必须注意的是，"在 X"放在动词之后，跟前面的动词结合得十分紧密，其间不能加任何成分，例如"在＋宾语"如放在动词前，动词可与补语或宾语结合：

> 他在北京住了一辈子
> 他在黑板上写字

而"在＋宾语"如放在动词之后，动词就不能和补语或宾语结合，我们不能说：

> 他住了一辈子在北京
> 他写字在黑板上

我们只能说：

> 他住在北京一辈子了
> 他把字写在黑板上了

"一起"（或"一块儿"）也可以跟其他地位词一样做"在"的宾语，但是用法稍有不同。"在一起"放在动词之后，跟其他的"在 X"一样，例如：

他们俩住在一起

我把这些书都放在一起

"在一起"如放在动词之前，"在"可以省略：

他们俩［在］一起住

我们都［在］一起学习汉语

而在一些表示移动的动词之前，只用"一起"，不能加"在"：

我们一起到北京来的

你跟他一起去游泳吧（但可以说"你跟他［在］一起游泳"）

这两本书一起拿走吧

附注：

①即使在书面语中，也仅限于为数极少的持续性动词，动宾结构是非常罕见的，如："如果在地方工作中不批评官僚主义倾向，在军队工作中不批评军阀主义倾向，那就是愿意保存国民党作风，愿意保存官僚主义和军阀主义灰尘在自己清洁的脸上，……"（毛泽东，《组织起来》）

（原载《中国语文》1957 年第 2 期）

再说说"在"

在 1978 年《语言教学与研究》试刊的第三期中朱德熙同志写了一篇《"在黑板上写字"及相关句式》。作者指出三对形式上相同而实际上语法意义并不相同的句式，对中国人说来，理解起来毫无问题。前两对句式牵涉到"在"的问题。而"在"及其宾语在句中的位置对学汉语的外国学生来说是个难点。我在多年前写过一篇有关"在"的短文。多年之后，意见没变。现在就朱德熙同志指出的这两对句式再谈谈这个问题。

如果说"在"及其宾语都处于动词前的句子，如作者文章中第一对：

A$_1$. 在黑板上写字

A$_2$. 在汽车上看书

是两种句式，就更增加了外国学生学习汉语的困难。特别是按照作者的意见，"病人在床上躺着"是 A$_1$ 式，而如果换一个动词："病人在床上休息"，就变成为 A$_2$ 式。前者说明病人所在的位置，而后者说明"休息"发生的处所。为什么前者不能是说明"躺"发生的处所呢？

我还主张凡是"在"及其宾语放在动词前的都是说明动作发生的处所的。（注意：不一定是做动作的人所在的处所。作者文章中 A$_2$ 的例句中就有"在脸盆里洗手"，可见不一定是人所在的处所。所以第一对句子，以及"在床上躺着"、"在河里游泳"、"在北京上大学"都是一类。其中动词可以是及物的，也可以是不及物的。但是如果动词带宾语，而这宾语所表示的事物又通过这动作到达"在"的宾语所表示的处所，那除了用这种句式表达以外，还可以用"把"字句："把字写在黑板上。"其他都不能转变为"把"字句。

现在再来看第二对：

B$_1$. 字写在黑板上

B_2. 箭射在靶子上

作者认为前者是表示事物所在的位置，后者表示运动的趋向。我认为这两句，尤其对外国人说来，仍是一类，即人或事物通过动作到达某处所。"字"通过"写"到达"黑板上"，"箭"通过"射"到达"靶子上"。这两句的唯一区别是："写"的动作是在"字"要到达的处所"黑板上"进行的；而"射"这个动作不可能在"箭"到达的处所"靶子上"进行。

作者所举的 B_1 式例句分两类：（31）—（38）中的动词都是及物的，主语对动词而言是受事。（39）—（42）中的四个动词"躺"、"站"、"坐"、"住"是不及物的，主语是施事。作者在举 B_2 例句时，把"箭射在靶子上"取消了，另举了（43）—（49）。并没有说明动词是否及物。作者认为 B_1 和 B_2 最重要的区别在于 B_1 都能转变为"在黑板上写字"式，而 B_2 不能。我们现在来看看（43）—（49）这几个例句。头两句："刀砍在石头上"和"鞭子抽在身上"，这两句的主语和动词是工具和动词的关系。凡工具和动词，都不能把工具放在动词之后。我们不但不能"在石头上砍刀"、"在身上抽鞭子"，在哪儿也不能"砍刀"、"抽鞭子"，就像我们不能说"梳梳子"、"擦抹布"、"写笔"、"剪剪子"一样。其余（45）—（49）中主语和动词都是施事和动词的关系，和上面 B_1 中"病人躺在床上"一样。施事也不能简单地放在动词之后。即使是 B_1 中的（39）—（42）也不能说成"在床上躺病人"、"在讲台上站老师"、"在沙发上坐他"、"在楼上住客人"。这些工具或施事放在动词后是不合语法的，和"射箭"不同。"在靶子上射箭"只是不合情理，却是合语法的，而"在石头上砍刀"等等却是不合语法的。它们的不能说，和"在靶子上射箭"的不能说，性质不同。

从 B_1 和 B_2 看，凡主语是受事，都可以变为 A_1。主语是施事，则只有"躺"、"坐"、"站"等几个不及物动词可以变为 A_1，而且还要加"着"。其余大量的主语是工具或施事的，都不能变为 A_1。这还可以由作者提到的另一个例句得到证明："针扎在手上"的两种情况。如果指的是针灸的针，那"针"是受事，所以可以说成"在手上扎针"，是 B_1。如果指的是不小心让针扎了手，那"针"是施事，也就不能说成"在手上扎针"，是 B_2 了。

　　作者认为"字写在黑板上"和"箭射在靶子上"这两类不同的第二个证明是：前者能变为"黑板上写着字"，这一类的不及物动词例句"病人躺在床上"可以变为"床上躺着病人"。B_2 类的（43）—（49）都不能这样转变。但事实不这样简单。例（45）"水流在池子里"如果稍加改变，"水"不流到"池子里"去，而流到"渠"里去，成为"水流在渠里"，就可以转变为"渠里流着水"。至于"箭射在靶子上"能不能变为"靶子上射着箭"呢？好像不行。但是稍变一下，"靶子上射着一支箭"，又好像可以说。为什么？我不知道。

　　作者在 B_2 例句中，主语都是工具或施事，如果要找一些和"箭射在靶子上"一样的例子，我们可以举下面这些：

　　球抽在网子上

　　信投在信筒里

　　衣服扔在地上

　　树叶刮在河里

　　花瓣扫在垃圾堆上

这些是及物动词，主语对动词而言是受事。这些是不能变为"在黑板上写字"这种句式的，因为动作不在同一处所进行。至于不及物动词，主语是施事的句子，除了作者给的（45）—（49）以外，还可以举几个：

　　树叶掉在地上

　　花瓣落在头上

　　孩子跳在河里

　　橡胶流在割胶用的小碗里

　　眼泪滴在大襟上

这些也是不能变为"在黑板上写字"式的。至于这两种能否变为"黑板上写着字"式，就很难说。"地上扔着衣服"是可以的，"渠里流着水"是可以的，所以这第二个证明不甚可靠。好在不牵涉"在"，这里可以不管。

　　我们前面说过 B_1 和 B_2 可以算一类，都是人或事物通过动作到达于某处所，只是 B_1 的动作也在该处所进行。如果动词是及物的，主语是受事，B_1、B_2 都可以举出大量例句。但如果动词是不及物的，主语是施事，大量例句属于 B_2，而 B_1 只有"躺"、"坐"等几个。在 A_1 和 A_2 那一对的分析中，大量不及物动词属 A_2，而只有"躺"、"坐"等几个属 A_1。可见这几个动词是例外。

我们现在可以总起来说，凡是说明动作在哪里进行，我们就把"在"及其宾语放在动词前；说明人或事物通过动作到达于某处所，就把"在"及其宾语放在动词后。当然，我们也听过这样的句子："生活在一起，劳动在一起，学习在一起"，但这总是极少数，用在特定的场合。而且我们还更常说："在一起生活，在一起劳动，在一起学习。"何况除了"一起"，换个别的表示处所的词，怕就不行了呢！但是我们要谈的是"躺"、"坐"、"住"这类动词。这是一类封闭性的动词，还有"站"、"立"、"卧"、"趴"、"蹲"、"盘"、"飘"等。它们在一般情况下可以说是不及物的，主语必是施事，都可以写成下面两种句式：

在床上躺着	躺在床上
在椅子上坐着	坐在椅子上
在学校里住着	住在学校里
在门口站着	站在门口
在炉子旁边卧着	卧在炉子旁边
在窝里趴着	趴在窝里
在树上盘着	盘在树上

前边一类我们可以说是说明动作是在哪里进行的，尽管这动作是一种静态的，而后边一类则有两种功能：有时和前边一类一样。比如说：

我推开门一看，他在床上躺着。

我推开门一看，他躺在床上。

这两句是完全一样的，是可以互换的。但是，

一只猫慢慢走过来。卧在炉子旁边，一会儿就睡着了。

他推开门，一下子坐在椅子上，再也站不起来了。

这时，我们是不能用"在炉子旁边卧着"或"在椅子上坐着"来代替的。所以后边一类有时却是和"水流在池子里"是一类。对外国学生说来，只要记住这几个例外的动词，"在"及其宾语放在它们后面，既可以表示人或有生之物通过动作到达于某处，又可以和"在"及其宾语放在前面一样表示动作在哪里进行。

另外，还有"生"、"死"、"发生"等几个动词也是例外，"在"及其宾语在它们前面或后面都表示一个意思：事件在哪里发生。

他在北京生的。

他生在北京。

这事发生在一个公园里。

这事是在一个公园里发生的。

（原载《语言教学与研究》1980 年第 3 期）

说说"再"

看了《学汉语》1990 年第 3 期中的《"再说"和"再说吧"》，觉得有必要再补充一些。

首先要弄清楚"再"。我们一般看到"再"总想到重复。其实重复只是"再"的意义之一。另外还有几个意义。这自然影响到"再说"会有不同的意义。更何况像施光亨同志说的"再说"有时像个词，另有三个不同的用法。这三个用法我都同意。现在让我们看看他所说的词组的"再说"的四个例子。这四个"再"表示了三个不同的意思，并不能表示重复。

例 1 "他不好再说什么"和例 4 "再不说了"，这两个"再"表示的是继续，而不是重复。这两个例子显然都是一个人原来在说什么，而现在都不继续说了，而不是重复什么话。比如我们家里来了客人，客人要走了，主人常说："再坐会儿吧"，就是请客人不忙走，继续坐下去，没有重复的问题。例 2 "你再说一遍"显然是重复。例 3 "明天在出工的路上，我再对你细说"，这里的"再"和"再说"表示推迟考虑，其实是一样的，就是推迟到将来一定的时间做某事，而不在那个时间以前做，自然也不一定只能用在"说"前面。我们可以说："这问题等大家讨论以后再解决。""重复"、"继续"、"等到以后一定时间"这三个意思的"再"，只要意义允许，可以用在任何动词前。

作为重复的"再"和"又"又发生了纠葛。在《学汉语》1990 年第 6 期王世生同志还分了一下，是正确的，但也需要补充。已经发生的事，本应用"又"，但如果不独立成句或是否定句，则用"再"不用"又"，比如：

1. 上个月我去看了他一次，这个月我再去看他，他已经走了。

2. 那里我只去了一次，以后就没再去过。

（原载《学汉语》1990 年第 11 期）

再谈现代汉语词尾"了"的语法意义

　　看了刘勋宁同志的《现代汉语词尾"了"的语法意义》(《中国语文》1988 年第 5 期），觉得如果说"了"是表示"实现"也未尝不可。但是作者把"完成"和"完"等同起来，我却不能同意。现在咱们把这个问题再研究研究。

　　首先，"完成"和英语的 perfective aspect 是两码事。虽然有一部分情况汉语用"了"而英语正好用 present perfect 或 past perfect，但并不总是这样。我们最好就汉语论汉语，把英语抛开。赵元任先生叫它 completed action，就是就"了"本身而言。要注意的是 action 是动作，而不是 state 状态。状态一般说来无所谓completed，因为它是静止的。现在让我们看下面的例句：

　　1. 这本书你看了吗？——看了。

　　2. 你吃了饭了吗？——吃了。

　　3. 那个消息他知道了吗？——知道了。

　　4. 你了解了他的情况没有？——了解了。

　　5. 苹果红了吗？——红了。

　　6. 水热了吗？——热了。

　　1、2 句中的"看"和"吃"都是动作性动词，而且是要持续一段时间的动作，是一个过程。如果这里说"看了"，大概是整本书都看完了。说"看了"或"看完了"没有什么区别。因为如果不是看完整本书，回答会是"刚看"、"看了一点儿"、"看了几页"之类。第 2 句的"吃了"自然也只能理解为吃完了饭。这两个动作的完成可以理解为"完"。第 3 句的"知道"原来不是动作性动词，没有完成不完成的问题，如果提问，应当是"那个消息他知道不知道？"但是这里显然指的是从不知道变为知道，一种变化，成为动作性动词了。从不知道变为知道就表示"知道"这动作完成了。而这种变化的完成是不能用"完"来表示的。第4句中的"了解"有两个意思：一个是非动作性的，和"知道"相仿佛，如："我很了解他的为人。"这时如提问，则是："你了解不了解他？"也没有完成不完成的问题。另一个则是例4中用的意思，去发现，去打听，是个动作性动词。"了解了"意思是"了解"这工作已完成，原来不知道的情况现在都知道了。因为这种"了解"是一个过程，我们甚至可以说："了解完了。"例5的"红"、例6的"热"都是形容词，本是说明状态的。我们可以问"苹果红不红？""水热不热？"，说不上"完成"。现在的5、6都说明是一种变化，成为动作性动词。由不红变为红，不热变为热，就是动作的"完成"。这种"完成"也和"完"无关。

虽然"完"是一个很常用的补语，但并不是所有的汉语动词都能以"完"为补语的。除了上述"知道"、"了解"、"红"、"热"之外，"躺"、"站"、"坐"等等，也是不能以"完"为补语的，但我们不能说"躺"这个动作不能"完成"。一个人从站的姿势变为卧的姿势，"躺"这个动作就完成了。这是一个很快的动作，不需要一个过程，和"看"、"吃"不同。"躺"这些动词还有一个特点，一旦这个动作完成了，就成为一种新的静止状态："躺着"、"坐着"、"站着"。如果我们翻开任何剧本，在每一幕的开始。如有布景的描写，就会发现无数这种例句。比如，老舍的《龙须沟》第一幕布景中有：

门口摆着水缸和破木箱。
屋顶上……盖着半领破苇席。
檐下挂着一条旧车胎。
窗户上糊着许多香烟画片。

这些都是静止的状态，都是当初"摆"、"盖"、"挂"、"糊"这些动作完成后的结果。这种以处所词为主语，以这类动词为述语的句子都可以把"着"换成"了"而意思不变。用"着"表示现在的状态，用"了"说明动作已完成。比如曹禺的《北京人》第一幕："……里面斜插了十几轴画"，后面对于陈奶妈的描写："她穿着一件月白色的上身。外面套了青直贡呢的坎肩。"这两个"了"完全可以换成"着"，而前面四句中的"着"也完全可以换成"了"。刘勋宁同志的例句："红了脸"、"低了头"，也和这些相同，虽然并非以处所词为主语的句子。

任何动作性动词都有"完成"的问题，但似乎只有能持续一个过程的动词才有"完"不"完"的问题："学习完社论"、"做完作业"、"洗完衣服"、"写完信"、"理完发"。下列这些话即使能说，恐怕也是在很特殊的语境中："关完门"、"开完窗户"、"睁完眼睛"、"张完嘴"、"伸完胳膊"。所有的动补结构也是无法再以"完"为补语的。"他把我的表弄坏了。"表从好的变成坏的，就说明"弄坏"这动作完成了。"完"本身就可以构成动补结构，并以"了"表示完成，如"一瓶酒都让他喝完了"。

其实"实现"和"完成"是一致的。有些对外汉语教科书解释词尾"了"时，行文中就说"'了'表示动作的完成或实现"。要注意的是应区分状态和动作。动作可以完成或实现，而状态不能。状态却往往是动作完成后的结果。"躺着"是"躺"完成后的结果。不先"躺"下就不可能有"躺着"的状态。

至于"看三天"、"吃一个钟头"，"看"和"吃"既是持续性的动作，当然可以持续三天或一个钟头。"看了三天"就是"看三天"的完成。如果是非持续性的动作，如"知道了三天"、"死了三年"、"红了好几天了"，那就是该动作完成在那一段时间之前。"走"这个词最能说明问题。"走"有两个意思，一个是持续性的行走："走一个小时才走到北大。"另一个是离开："他走了一个小时了，赶不上他了。"我们可以说动词后的时间补语因动词性质不同而表示两种意义。"了"也因动词性质的不同而表示两种不同的完成或实现。

（原载《中国语文》1990 年第 3 期）

关于怎么教"不、没、了、过"

看了《世界汉语教学》1987年第2期汪有序先生的《怎么教"不、没、了、过、着"》，不禁有些想法，很想谈谈。

汪先生集中了教外国人汉语中几个老大难问题。如果能解决了，可真是一大福音。可是我怕问题不是这么简单。

首先，我们一定要区分一般现象和特殊的例外现象，比如汪先生引用赵元任先生在《中国话的文法》中的例句："不有一个可靠的人帮忙，不会成功的。"赵元任举这个例子是作为"有"的否定的例外。他说"有"一般用"没"否定，但是如果一个动宾结构可以分析为"不＋动宾"，特别是在条件句中，那"不"可以代替"没"。而且赵先生后面也指出即使在这种条件下，一般人也多用"没"而不用"不"。汪先生引用这例子时却说："'有'通常都用'没'来否定，汉语中的'有'也是存在的意思，可以是静动词，也可以是变动词。无论是静动词，还是变动词，都有很强的用'不'的趋势，所以用了个'不'。"不知这"很强的用'不'的趋势"指的是什么？上面那个例句之能成立，必得是在赵先生所给的条件之下。如果外国人不知道这条件而接受汪先生的解释，那任何地方的"有"都可以用"不"来否定，岂不天下大乱！

其次，我们采用一种说法来解释一种语言现象得经得起推敲。比如汪先生又引的赵先生的例句：

18. 他不打算来，也不能来。

19. 他没打算来，也没能来。

汪先生给的解释是："根据动词可以多类的说法，'打算'可以是静动词，也可以是变动词，或者动动词。句18的'打算'是静动词，无论'过去''非过去'都用'不'。句19的'打算'是动动词，'过去'用'没'，'非过去'用'不'。"汪先生对"能"的解释也相仿佛。那么很自然地人们要问：什么样的动词可以多类？如果所有的动词都能多类，那还分类干吗？如果是一部分，那这部分的条件是什么？从这两句话的意义看，区别不大，何以见得一个"打算"是静动词，另一个是动动词呢？如果能说"没能"，外国学生会类推出"没可以"，而且用汪先生的解释说这"可以"现在是动动词了。行吗？如果不行，又是为什么？"能"和"可以"区别何在？为什么一个可以用"没"否定，一个不能？

又比如汪先生的关于"了$_1$"的例句：

24. 他上星期病了三天。

25. 我昨天念（了）中文。

汪先生说第二句的"了"是可有可无的。第一句的"病"是变动词，有很强的变动的语义。"了"就不能少。那么请看下面的句子：

他上星期休息（了）三天。

对一个健康的人来说"病"是一种变化。同样对一个经常工作的人来说"休息"也是一种变化。这里"休息"也有很强的"变"的语义，为什么"了"是可有可无的？而且我们还可以说：

他已经改变（了）两次主意了。

"改变"总该是有很强的"变"的语义的吧？"了$_1$"也是可有可无的。

在批驳某种说法时也要慎重。比如汪先生所给的例句：

34. 我念（了$_1$）一年中文（了$_2$），我还要念。

35. 我念（了$_1$）一年中文（了$_2$），我不念了。

汪先生说既然上面两个句子都成话，"了$_1$……了$_2$"句意表示动作或变化必须继续的说法就不攻自破了。那是否有了$_2$和没有了$_2$是一样的呢？我们可以再引汪先生的两个例句：

24. 他上星期病了三天。

46. 他病了三天了。

上面的第一句是不能加"了₂"的。我们说这句话的时候他还生病吗？我们什么时候说第二句？这句话不像上面念中文的句子，既不能加"他还要病"，也不能加"他不病了"。事实上也许他当晚就好了，也许第二天还接着生病。但在说这句话的时候他必是有病的。这病的情况在继续。那么有"了₂"和没有"了₂"还是不一样的。其实动作或变化在说话时是否继续存在和一个人主观上想继续下去或不想继续是两码事。不能以主观愿望来判断当时的现实。

至于"过"表示过去的经验是不错的。常常不说明具体时间。如：

我去过（一次）桂林。

这种句子和英语的现在完成式相当，不过英语动词必须用 be，而不能用 go。但是和英语不同的是这种句子可以把这次经验的时间指出来：

我 1985 年去过（一次）桂林。

这时把"过"换成"了₁"也可以。汪先生认为用"过"和用"了₁"是不一样的。用"了₁"是表示动作发生在某一特定点，而"过"表示不特定点。这里我怕汪先生受了英语的影响。英语用现在完成式时是不能指出特定时间的，只笼统表示这动作已经发生。而用过去时，多相当于汉语的"了₁"，总是指出动作发生在某一特定时间。汪先生用的两个例子是：

47. 我 1985 年去了中国。

48. 我 1985 年去过中国。

汪先生的解释是第一句表示"在 1985 年这一特定时间上我去了中国"，而第二句则表示"在 1985 年中不定时间点我去了中国"，所谓不定时间点也就是可能"在 1985 年中的任何时间去了中国"。这是汪先生拘泥于"过"相当于英语的 present perfect tense 而想出来的很费解的解释。"过"有时和英语的现在完成式相当，并不说明它永远得和英语的现在完成式一样。我们得撇开英语而简单地告诉说英语的学生，汉语"过"表示过去的经验，有时只说明在过去，有时还可以说明这经验是在某一特定时间得来的。汪先生忘了我们不但可以说"我 1985 年去过中国。"还可以说"1985 年 4 月去过中国。""4 月"够"特定"吧？总之用"了₁"还是"过"，其中差别恐怕主要的不在特定时间或非特定时间，说"去过"某个地方，肯定现在不在那里。而"去了"某个地方，则也许还在那里。"当过教员"说明现在不是教员。"当了教员"就可能现在还是教员。这就是为什么一个人可以"死了"，而不能"死过"。有的时候这二者区别不一定很明显，几乎一样。

除此之外，"过"并不是只能用于表示过去经验。它还有别的用法在那里"混淆视听"，使问题更为复杂：

他刚起床，洗过脸了，还没吃早点。

你吃过饭了吗？

这种"过"很像"完"或"了₁"。可是又有许多地方可以用"完"或"了₁"而不能用"过"的：

我等会儿下了班去找你。

你的事办完了吗？

究竟什么时候能用这种"过"，什么时候不能，我说不清楚，不过确实存在着这种"过"。这就更增加了外国学生的困难。

"简单明了"当然好，可惜的是语言事实偏不是那么简单。愣简单化不解决问题。汪先生认为一种解释，"不管是真是假，在教学上有用就好"。问题在于"假"的解释在教学上是不可能有用的，尤其是对外国人。

（原载《世界汉语教学》1988 年第 4 期）

"就" 与 "才"

  "就"与"才"在现代汉语里是很常用的两个副词,尤其是"就"。这两个词的区别有些人不容易搞清楚,特别是学习汉语的外国学生。这里是根据教外国留学生学汉语的经验,把"就"与"才"的用法作一个比较,并不包括"就"或"才"所有的用法。这种比较,本国学习语法的读者,尤其是方言区的读者,也可以参考一下。

  "就"和"才"都可以表示"时间、数量"等关系,但是用法不同。下边分开来说。

  一、表示时间:"就"表示说话人认为时间早,或是快,或是少,而"才"表示说话人认为时间晚,或者慢,或者多。例如:

  1.① 我叫他八点钟来,他七点钟就来了。

   ② 我叫他六点钟来,他七点钟才来。

同是"七点钟",①表示七点钟很早,②表示很晚。

  2.① 他 1950 年就到北京来了。

   ② 他 1950 年才到北京来。

同是 1950 年到北京,而两句表示说话人对这个时间的看法不同。

  3.① 他学骑自行车,学了三个下午就学会了。

   ② 他学骑自行车,学了三个下午才学会。

①认为三个下午学会很不容易,②认为三个下午学会是太慢了。

  4.① 他吃了饭就来了。

   ② 他吃了饭才来。

①表示他没有多耽搁，很快就来了；②表示他太慢了，应该不吃饭就来。

　　二、表示数量："就"表示说话人在心理上觉得少，而"才"表示说话人在心理上觉得多。例如：

　　5.① 他吃了两碗饭就不吃了。

　　　②他吃了两碗饭才不吃了。

　　6.① 买这些东西就花了两块钱。

　　　②买这些东西才花了两块钱。

要注意，这所谓多少是承上说，如 6 ①是嫌东西少，价钱贵；6 ②是说东西不少，价钱不贵。

　　三、表示条件："就"表示前面的条件是比较宽的，要求是低的，或者理由是不很充足的；"才"表示前面的条件是严格的，要求是高的，或者是理由是充足的。

　　7.① 你用功就能学好。（没有什么了不起的困难）

　　　②你一定要用功才能学得好。（想偷懒可不行）

　　8.① 他打了你，你就打他吗？（他打你，你也不应该就因此打他）

　　　②他打了我，我才打他。（否则我决不会打他）

当然，"就"有时只表示前面是条件，并不表示说话人对这条件的看法。复句中有表示条件的分句时，结论前的"就"比条件前的"如果、要是"之类重要得多。"如果"可以省略，"就"却不能省略，因此"就"也就比"才"用得多了。

　　上面所讲的三个方面有个共同的特点，就是"就"和"才"虽然放在时间、数量、条件之后，而所表示的意思是说话人对于前面的时间、数量或条件的看法。

　　四、"就"和"才"还有一个共同的意义，就是表示"只"的意思。例如：

　　9. 这才（就）有五块钱，不够买书的。

这样的情形，用"就"或"才"都可以。也有只能用"就"，不能用"才"的。例如：

10. 他就看小说，不看别的书。

11. 他不肯去，不为别的，就因为那里太远。

如果动词前有能愿动词，那就只能用"就"表示"只"，不能用"才"：

12. 我就能拿这几本书，再多就拿不动了。

13. 他就愿意买书，别的什么都舍不得买。

这是因为"才"只能用在已成事实的情况中，而用能愿动词的时候，是说明人的意愿，并不说明事实。所以我们只能说"叫他就带三个人去"，不能说"叫他才带三个人去"。前面有表示条件的分句时，能愿动词前头才能用"才"，这个"才"不表示"只"的意思。例如：

14. 他帮助我，我才能看得懂。

五、"才"、"就"在动词前表示时态："才"表示动作完成，为时不多，即"刚才"的意思；"就"表示动作即将发生，相当于"将要、就要"的意思。例如：

15. 他才来，大衣还没脱呢。

16. 他就来，正在穿大衣。

（原载《语文学习》1956 年 12 月号）

"只有……才……"
和"只要……就……"

　　这两个格式都是条件句，"只有"和"只要"都表示条件，"才"和"就"后面都表示结果。要注意的是，所谓条件不一定要用一句话来表示，比如"只有你才能说服他"。这已经不是条件句了，但是条件的含意仍然存在。"你去说"，是唯一能"说服他"的条件。

　　"只有"和"只要"所引进的条件不同。词典告诉我们，"只有"表示必需的条件，而"只要"所引进的是充足的条件。所谓必需的条件是非有不可的，没有这个条件就不会有后面的结果，至于还要不要别的条件，这句话没有涉及。所谓充足的条件就是足以产生后面结果的条件，也就是说，要产生后面结果，这条件就够了，不需要别的条件。

　　对于"只有……才……"似乎没有什么误解，但是我曾看过一篇文章讲到"只要……就……"时，用了类似下面的一个例句："只要你去我就去"，而且说，这句话表示"你去我当然去"，同时也表示"你"不去而有什么别的人去，"我"也去。我想在实际语言中并不是这样的。说这句话的人是以"你去"为"我去"的条件，"你"不去，"我"就不去。为什么那篇文章的作者会有那种想法呢？我认为这是因为作者是按"只要"表示充足条件这个逻辑规律推断出的结论。现在让我们看几个例子：

　　1. 只要是粮食就能吃。

　　2. 只要放了糖就甜。

　　3. 只要老不吃东西就会死。

　　4. 只要摩擦就会生热。

所有这几个句子，如果换为"只有……才……"的格式，孤立地看，就会遭到反对。粮食不是唯一能吃的东西，放糖不是唯一使食品变甜的办法，致死的原因是多种多样的，生热的方法也不止于摩擦。既然有许多别的原因也可以导致同样的结果，就是说别的条件也行，于是"只要你去我就去"就意味着即使"你"不去，而是什么别的人去，"我"也会去。

自然语言总是在一定的语境中说的，不是一个纯逻辑问题。在某一语境中说出来不一定对的话，换一个语境就无可厚非。假定有这么一种情况，有个地方很多人都不愿意去，有人就可能对另一个人说，"只要你去我就去"，以"你去"为"我去"的条件，"我"不考虑别的，所有别的人都不去，"我"也不考虑。在另一种情况之下，有个地方很多人都想去，而"我"却不为所动。可能说"只有你去我才去"。别人都去了，而"你"不去，那"我"也不会去。"你去"是唯一能使"我"去的条件。但是不论用哪个格式，"我去"都是以"你去"为条件的。说话人选择"只要"还是"只有"只表明他对这条件的看法。

上面举的"只要放了糖就甜"这句话可能是表示若要使食品甜很简单，放点糖就行了。也可能是另一人先肯定某食品放了糖，这人就表示既然放了糖就当然甜，说这句话时不涉及使食品甜的别的条件。再换一个语境，比如有人认为水果本来是甜的，那么煮了之后一定也是甜的。另一个人知道并非如此，他就可以说："煮的水果并不甜，只有放糖才会甜。"糖是最普通的甜味剂，人们很自然地想到用糖。这并不意味着说话人认为糖是唯一使食品甜的东西。

现在让我们看另一些例子：

5. 只要是生物就要进行新陈代谢。

6. 只要是绿色植物就要进行光合作用。

7. 只要是正常的人就会思想。

8. 只要坐飞机，半天之内就能从北京赶到广州。

这些都是可以改用"只有……才……"的格式的。生物固然非新陈代谢不可，但是除了生物，别的都不能新陈代谢。其余三句类推。可见有些用充足条件表示的，也可以用必需条件表示，只是说话人心目中重点不同。说例 8 时，说话人想的是半天之内从北京赶到广州没什么难的。坐上飞机就行了。如果改用"只有……才……"，说话人要说的是没有别的办法。非坐飞机不可。

当然，有许多情况并不是像例 5、6、7、8 那样的。我们可以说："只有会一门外语才能当导游。"我们只是说不会外语就不能当导游。至于当导游还要什么别的条件，这句话没有涉及。我们不能说"只要会一门外语就能当导游"，因为这句话意味着当导游除了外语再不要求别的条件了，所有会外语的都能当导游，而事实并非如此。

由于"只要……才……"表示必需的条件，没有就不行，所以往往使人感觉这条件是要求比较高的。而表示充足条件的"只要……就……"使人感觉这条件的要求比较低。所以当一个老师规劝学生时，如果是个不用功的学生，就要提出较高的要求，因而说："只有用功，才能取得好成绩"，要免除他的侥幸心理。而对另一个正经很用功但成效不很显著的学生就要说："只要用功就会取得好成绩"，劝他不要着急。"用功"是"取得好成绩"的条件。至于是充足条件还是必要条件，就依说话人的想法而定了。

总之，虽然有些情况是只能用"只要……就……"，有些情况是只能用"只有……才……"的，但确实也有依说话人想法，而随意用"只要……就……"或"只有……才……"的。比如，"只要工夫深，铁杵磨成针"也完全可以说成"只有工夫深，铁杵磨成针"。

但是是否"只要"总表示很低的条件呢？那也不尽然，我们可以说："只要你去，问题的解决就不成问题了。"这里表示"你"的能力是很强的，有了"你"就足够解决问题，不需要别人的帮助。当然我们自己也可以说："只要派个小徒弟去，就能修好机器。用不着劳动老师傅。"

"只要……就……"还可以和双重否定相结合成为非常有力的说法："敌人只要不投降，我们就不停止进攻。"这句话若换为"只有敌人投降，我们才停止进攻"。坚决性似乎就差一些了。

（原载《语言教学与研究》1989 年第 4 期）

"差（一）点儿"和"差不多"

"差点儿"和"差不多"译成英语都是 nearly 或 almost。汉语中的这两个副词是完全不同，不能互换的，所以英语的 nearly 或 almost 译成汉语时，有时必须译成"差点儿"，有时必须译成"差不多"。比如英语的"He nearly died"，汉语就是"他差点儿死了"。意思是他曾经历某种危险，但幸而未死。从健康状况说，可以是健康正常的。"When we found him, he was almost frozen to death"译成汉语时，可以是这样："我们找到他的时候，他已经差不多冻死了。"当然，就是这种情况，事后回忆时，也可以说："那次他差点儿冻死，幸亏被我们发现！"

可以看出，"差不多"只用于客观叙述，表示接近于某种状态，比如：

1. 我们两个人差不多每天都见面。
2. 树上的苹果差不多全红了。
3. 这里天一黑，街上就差不多没人了。
4. 那两篇小说的内容差不多一样。

用"差点儿"时，说话人则是强调事态极接近于发生但并未发生，或看来不会发生却终于发生，往往伴有庆幸或惋惜的心情，比如：

5. 杯子差点儿打破了。
6. 路滑极了，我好几次差点儿跌倒。
7. 他差点儿没赶上火车，刚上车，车就动了。
8. 票差点儿（就）买到了，眼看一个人把最后两张买走了。

"差点儿"还有个特点，如果用在不希望发生的事情上，可以说成"差点儿没"，意思不变。上面例 5 可以说成"差点儿没打破"，例 6 可以说成

"差点儿没跌倒"，但是如果用于希望发生的事情上，"差点儿"表示事情没发生，而"差点儿没"表示事情发生了。例7如果说成"差点儿（就）赶上火车了"，那就是终于没赶上。例8如果要表示票终于买到了，就得说成"票差点儿没买到，幸好还剩最后两张"。更有趣的是，同一件事，由于人的立场不同，有时是希望发生的，而有时却是不希望发生的。比如在足球比赛中，进球对一方是希望发生的，而对另一方则是不希望发生的，当B队向A队攻门时，一个球看来似乎不能破门，而终于踢进球门，这时"踢进去"对B队来说是希望发生的，B队就可以说"差点儿没踢进去"。如果A队向B队进攻，一个球看来似乎要破门而入了，但终于被守门员挡了出去，这时"踢进去"对B队来说是不希望发生的事，B队的人就会说"差点儿没踢进去了"。而因为是不希望发生的事，所以也可以说成"差点儿没踢进去"。上面两句"差点儿没踢进去"却表示两个相反的意思。前一句表示庆幸球踢进去了，后一句表示庆幸球没踢进去。这真是有趣的语言现象。不过这是从书面上看，两句一样。在口头上，这两句却并不一样。前一句，最后的"去"要重读；后一句，重读的是"踢"，而后面的"进去"要读轻声。即使没有"没"，读法也不变。同一句话，重音不同可以表示不同甚至相反的意思。

（原载《语言教学与研究》1990年第1期）

“到南方去旅行”和“到南方旅行去”

这两句话所用的词完全一样，所表达的意思也没有什么区别。可以回答同一个问题：“你放了假准备干什么？”或是“你到南方去做什么？”尤其是翻译成外语，比如英语，也用同样的句式。但是语法分析却不相同。

问题是由北京语言学院新编的《基础汉语课本》中的某课改错练习引起的。对于“到南方去旅行”，有的教员不敢把“到南方去”肯定为动补结构，认为“到南方旅行去”才是动补结构。这说明对于到底什么时候“去”是趋向补语，什么时候是谓语动词不是十分清楚，没有十分的把握。当然实际上“到南方去旅行”中的“去”是补语，而“到南方旅行去”中的“去”是谓语中一个动词。这两句都是连动句。前者是动宾补加上“旅行”，后者是动宾，加上“旅行”再加上“去”。这种以“来”或“去”为最后一个动语的连动式在一般语法书谈连动式时，很少谈及。只有《现代汉语语法讲话》明确规定把这种句子归入连动式。但是这种连动式和一般的连动式，如“进城买东西”、“骑车去香山”，确实不大一样。第一，一般连动式或者是按动作先后顺序排列，或者前一动语结构是表示动作方式的。“到南方旅行去”，“旅行”既不是“去”的方式，又不是先“旅行”而后“去”。（当然，似乎“旅行”应该说从离北京时就开始了。只是习惯上如果我们说“去欧洲旅行”，似乎只有在“欧洲”的活动才算在“旅行”的范围之内。）第二，后一个动词只能是“来”或“去”，而且绝大部分是“去”。第三，“来”或“去”读轻声，北京人把这种“去”常读成“qie”。有人认为“来”、“去”前的动词结构是说明“来”或“去”的目的的。这样说也未尝不可。只是在很多情况下，在这种句子里“来”、“去”在意义上很不重要。重要的是前面的动词结构。也许这种句子叫连动式很不恰当，但在没有想出更恰当的名称之前也不妨就叫它连动式。比替它想个名称更重要的，是弄清楚它的特点，把这种“来”、“去”和做趋向补语的“来”、“去”区别开来，因为虽然上面两句意思没有什么区别，却有很多句子，由于"来"、"去"的不同用法，而意思就不一样了。或者，某种意思只能由一种句式表达而不能由另一种句式表达。

一般解释趋向补语"来"、"去"时，只说动作如果是向着说话人的方向，就用"来"，而背离说话人的方向，就用"去"。这解释是不错的，虽然笼统一些。只是这种解释也适用于以"来"、"去"为最后一个动语的连动式。作为补语的"来"、"去"更重要的一点是，不但指出动作的趋向，同时也是施事者或受事者受动作影响而移动的趋向。让我们看几个从《骆驼祥子》摘取的例子：

1. 自从一到城里来，他就是"祥子"，仿佛根本没有姓；……
2. 祥子喝了一气凉水……要一步迈到城里去！
3. 晚饭的号声把出营的兵丁唤回，有几个扛着枪的牵来几匹骆驼。
4. 还没拉到便道上，祥子和光头的矮子连车带人都被十来个兵捉了去！

例1是在城里的施事者"祥子"，回想当初通过"到城里"，"来"到北京。例2是在城外的"祥子"，施事者，要通过"迈到城里"，"去"到北京。例3是受事者"骆驼"，通过"牵"向祥子的方向"来"。例4是受事者"祥子和光头的矮子"，通过"捉"而离开他们原来所在的地方。趋向补语，引申意义除外，必表示某种人、物的移动，而这种移动必是补语前的动语所表示的动作的结果。而且这种趋向补语和动词之间最多隔着个宾语，不会在宾语之后、补语之前加上另一个动词，如"到南方旅行去"。

作为连动式的后一动词的"来"、"去"虽然和动作是否向着或背着说话人有关，但"来"或"去"不是动作的结果，而是施事者先"来"或"去"，然后才进行动作。让我们再看几个从老舍的剧本中摘来的例子：

5. 先生，你喝够了茶，该外边活动活动去！
6. 要两个烂肉面，带她们到门外吃去！
7. 我马上取，送到坛上。
8. 你找个地方睡会儿去。
9. 妈！屋里烤烤去！

例 5 是"你"先到"外边"去然后"活动活动"；例 6 是"吃"的施事者"她们"先到"门外"再"吃"。例 7 中"取"的宾语这里没有出现，显然是先"去"到什么地方"取"了要取的东西，然后"送到坛上"。例 8 中"你"找个地方，"去"那里然后"睡会儿"。例 9 中"妈"去"屋里"然后"烤烤"火。这类句子，动词如有宾语，宾语的移动和"来"、"去"无关，或者根本没有移动的问题。下面例子还是从老舍的剧本摘下来的：

10. 我给三爷拿菜钱去。

11. 我给您沏碗小叶茶去。

12. 你不是说喝咖啡去吗？

13. 还得背人去呢！

14. 我马上找沈处长去研究一下。

例 10 中"我"去某处"拿菜钱"，"菜钱"拿到什么地方去，这里没有提。例 11 我"去""沏碗小叶茶"，这茶显然是要拿来给"您"的，"您"和"我"目前在一起。例 12"咖啡"根本和"去"的方向毫无关系。例 13 说话人他自己要"去""背人"，"人"是要背到这里来的，而不是把人背到什么地方"去"。例 14"我"要到"沈处长"所在的地方"去"找他，和他"研究一下"。"沈处长"并不到什么地方去。又比如一个卖肉的售货员站在柜台里，看见一个老顾客"老李"向柜台走来，就可以和另一个售货员说：

15. 你看老李又买肉来了。

"老李"买了肉是要拿走的，而不是把肉买到卖肉的地方来。其所以用"来"，是因为"老李"走向售货员的方向。有时一句话里可以既有趋向补语，又有在句尾的动词"去"或"来"：

16. 起来，门口等着去，我给你们端面来！

第一个"来"是"起"的补语；第二个是"去"，是谓语动词，命令"你们"到门口去等着；第三个"来"是动词"端"的补语。用"去"是从说话时的角度出发，说话人和"你们"都在茶馆里，前者叫后者到"门口"去。最后一个"来"不可能是动词，因为"端面"的地方不可能是他们说话的地方。如果要用动词，得用"去"，"我给你们端面去"。这里"来"是趋向补语，是改变了角度以后的说法，是从"你们"到了门口以后的角度出发，"我"要端着面到"你们"那里"来"。这种转变角度用"来"而不用"去"是完全允许的，而且生活中是常见的，比如：

17. 你先回家去，我一会儿就把东西给你送来。

当然，这句话既可说"送来"，也可说"送去"。例16的"端面来"也可以改为"端面去"，而"去"既可解释为补语，也可解释为第二个动词，不过大半是动词，如果改为"我给你们把面端去"那就肯定是补语了。老舍这里用"来"而不用"去"可能与修辞有关。前面已是"门口等着去"，再用"去"读起来不好听。这里无论"来"或"去"，无论怎么解释，如果翻成英语，都可"以不变应万变"，翻成一个句式。

这种"来"、"去"确实和在动词结构前的"来"、"去"没有意思上的区别。例10可以说"我给三爷去拿菜钱"，其他几句也可以照改。而且正如《现代汉语语法讲话》指出的，甚至可以前后用两个"来"或"去"，如："我给三爷去拿菜钱去"、"你看老李又来买肉来了"。都不影响句子意思。

如果前面的动词或动词和宾语明显地和趋向无关，那后面的"来"或"去"判断为第二个动词就毫无疑问，例如上面的例8、9、12。但是前面的动宾如果和趋向有关，那就要根据上下文来定：

18. 我到邮局寄信去，你有什么事没有？
19. 他从来不写信，就是你寄信去，他也不回。

我们可以根据上下文断定例18中的"去"是连动式第二动词，而例19中的"去"是"寄"的补语。从发音上说，两句的"去"都读轻声，例18中的"去"还可以读为"qie"。例19中的"去"能不能读"qie"，不敢说。这样，这两个"寄信去"意思就不一样了。又如上面例13"还得背人去呢"，根据原来的上下文，我们知道这"去"不是补语。但如果我们说"我背你去吧"，这"去"就肯定是补语了。因为显然"我"和"你"都在一个地方，如果"背你"，"我"不可能先"去"某地。所以这句话显然是"我"的建议，让我把"你"背到什么地方去。

这种"来"、"去"，尤其是"去"，有时实在没有很大作用，例如：

20. 这些孩子将来长大了都干什么去?

从上面例 5 直到例 14,所有在"去"前面的那些动词结构所表示的动作,都未完成,都是施事者将要完成的。例 20 句中已明显表示动作是未来的。没有"去"和有"去",意思上实在没有多大区别。有了"去"也许只表示这些孩子将来不会留在原来的地方。不过没有"去"也并不表示他们一定不离开原地。而且,显然,这句话重点在将来"干什么",在哪里是无足轻重的。不过下例两句意思是不同的:

21. 你干什么去啊?
22. 你干什么呢?

例 22 只能是"你"在做某事时,另一人的发问;而例 21,是在"你"走向某地,或离开原地时另一人的发问。下例句子中各种动作都已完成:

23. 你干什么去了? 我买东西去了。
24. 他看病去了。

例 23 中"你"必是曾离开过,而现在又回来了。例 24 中"他"则已经离去。有趣的是用"来",则多用"了"结尾,如例 15。因为说话人如果不是见到某人已向自己的方向走来,就不会用这种句式,除非一些句中明显表示将来的动作:

25. 他说他明天喝茶来。

这种"来"、"去"不但有时和做补语的"来"和"去"容易混淆而发生歧义,还和另一种连动式混淆:

26. 那个地方路不好走,不能骑车,你骑马去吧。
27. 你学会骑马了吗? 下午没事,你骑马去吧。

例 26"骑马"是"去"的方式,是另一种连动式。例 27 中是以"骑马"为一种运动,而下午没事可以去进行这种运动,目的并不在去什么地方。不过在读音上,这两句是有差别的,例 26 中的"去"不能读轻声,而例 27 的"去"一定读轻声,甚至读为"qie"。

（原载《北京语言学院第二届教学经验科研成果交流会论文选》）

读《略析一类表"省"或"费"的句子》一文所想到的

　　《语言教学与研究》1985 年第 1 期刊登了胡树鲜同志的一篇文章:《略析一类表"省"或"费"的句子》, 文章中给了两类句子:

　　I a. 一个月（还）烧（不了）两吨煤。
　　　b. 两吨煤（还）烧（不了）一个月。
　　II a. 两个人（还）拉（不了）二百斤。
　　　b. 二百斤两个人（还）拉（不了）。

作者把 I 类句子归结为出现两个数量词组, 一个是物品使用时间, 另一个是被使用物品的数量; II 类句子的两个数量词组中一个是表示施动的数量, 另一个表示受动的数量。这两类句子, 无论 a、b, 如果在主谓之间加上"还"就显示出说话人主观上对数量的看法。作者指出, 如果后面动词是肯定式, 加上"还", I a 表示"一个月"短,"两吨煤"多, I b 则表示"两吨煤"少,"一个月"长, 两句意思正相反。如果后面动词是否定式, 则 I a 表"一个月"长,"两吨煤"少, I b 表示"两吨煤"多,"一个月"短, 和肯定动词正相反, II 类句子虽然数量短语在 a、b 中也互相颠倒, 但加上"还", 如果动词是肯定式, a、b 都表示施动少, 受动多, 意思一样。如果动词是否定式, 两句都表示施动多, 受动少。作者观察到这 I、II 两类句子的规律不同, 观察力是非常敏锐的。但是作者把这两类句子规律之所以不同归之于前面提到过的数量词组表示物品使用时间和被使用物品的数量, 及施动的数量和受动的数量之不同。我想这两类句子规律之所以不同的原因, 并不是数量词组所表示的事物不同, 而是这两类句子的结构不同。

我们现在先看Ⅱ类句子，a、b中"两个人"和"二百斤"位置虽然调换了，但动词"拉"处于"两个人"后面这一位置没有变。"两个人"和"二百斤"的施受关系没变，说话人在说两句话时的观点都是从多少人拉多少东西出发，Ⅱa是主谓句，而Ⅱb这种句子就是所谓的主谓谓语句，汉语中俯拾皆是："这本书我看过"、"五百元两个人分"、"三门课一星期考完"、"两间屋子八个人住"。这些句子都可以颠倒过来成为Ⅱa式："我看过这本书"、"两个人分五百元"、"一星期考完三门课"、"八个人住两间屋子"。a、b意思基本相同。

Ⅰ类句子和Ⅱ类句子大不相同。不但两个数量词组在a、b中调换了位置，而且动词的位置也变了。a中"烧"在"一个月"之后，而b中"烧"在"两吨煤"之后。a、b都是主谓句。说a、b时说话人是从两个不同的观点出发的。说a时是要说明一个月需要多少煤。说b时是要说明两吨煤烧多长时间。当a、b都是肯定式时，一个月需要两吨煤，而两吨煤正好烧一个月，那这两句话的意思似乎一样。但如果动词是否定式时，其中的差别就自然地显露出来了。a说明一个月需要的煤不到两吨，而b说明的两吨煤燃烧时间不到一个月。"还"的加入，只能表示说话人对数量多少的看法，而不能改变这基本意思的不同。

胡树鲜同志所谓的"省"和"费"的想法是由"还"对"还"前面数量的作用产生出来的。如果动词是肯定的，"还"表示前面的数量小（相应地后面的数量就大了），如果动词是否定的，"还"表示前面的数量大（相应地后面的数量就小了）。所以Ⅰ类句子不一定总是表示物品使用时间和被使用物品的数量。有许许多多前后有两个数量词组的句子都属于这种结构："a.三个人吃六个馒头，b.六个馒头吃三个人"；"a.两辆车装四吨水泥，b.四吨水泥装两辆车"；"a.十张信纸写五封信，b.五封信写十张信纸"。

而Ⅱ类句子也不一定是施动的数量和受动的数量，比较："a.一个月吃完了三十斤米，b.三十斤米一个月吃完了"；"a.两天做好一套西服，b.一套西服两天做好"。

胡树鲜同志这里用的"还"是《现代汉语八百词》中所谓"还""表示抑的语气，把事情往小里、低里、轻里说"，222页3下面的e）项，凡属

Ⅰ类句子否定式中的这种"还"，就像作者说的，都可以代以"都"而意思不变。这种"都"是《现代汉语八百词》153—154 页表示"甚至"意思的"都"，不过这里没有给例子。但是胡树鲜同志给的另一个例子："他们都买了十张了。"这里的"都"所涉及的量在它的后面。这是"都"的另一个用法，是《现代汉语八百词》154 页 3 "已经"。这个"都"常用在数量词前，表示数量大或时间晚，如："都吃了三碗了"、"都十二点了"。这个"都"和上面所说的"都"是两个不同的用法，不能混淆。

　　　　　　　　　　　　　（原载《语言教学与研究》1988 年第 4 期）

关于《汉语课本》一、二册的修改

《汉语课本》①（共四册）原是北京语言学院编写的汉语基础教材，专供学院内留学生教学用。后因国外需要汉语教材，故决定将《汉语课本》（以下简称《课本》）加以修订，使之也能适合国外学汉语的要求。

既然修订，总是想在原有的基础上加以提高，有所改进。但客观效果则未必如此。现在把修订《课本》一、二册时所作的比较大的变动谈一谈。

《课本》一、二册修订中的变动分四部分：第一是基本语法中八点说法上的变动，第二是六项增加，第三是一项减少，第四是五个名称说法的改变。

现在分别对这四个部分作一些说明。

一　基本语法中八点说法上的变动

（一）"是"明确为动词

原《课本》当然是有以"是"为动词的句子的，但没有明确说"是"是动词，"是"后面的是宾语。

因为有些语法学家把"是"从一般的动词中分离出去，叫它系词，认为它只起连接作用。仿佛这连接作用不同于一般动词的作用。另外，当人们想到宾语时，多认为是受事的，受动词的支配。觉得在"我是教员"中的"教员"不像宾语，因之"是"也就不像动词。其实，不表示动作的动词很多，如"像"、"在"、"有"、"不如"等等。这些动词的宾语就很难说是受动词的支配：

她很像她母亲。

他们都不在家。

我有一个妹妹。

桌上有本字典。

这本小说不如那本。

这些动词是否也起连接作用呢？它们和宾语又是什么关系呢？动词和宾语的关系恐怕是千变万化的，是很难说全或概括的。所以也不妨把"是"和它后面的那部分算做动宾关系。

（二）语气助词"了"表示过去某一事件的发生

"了"一般分为两种：一种是出现在动词后面的，叫做词尾，或者助词，表示完成，例如："你先去吧，我吃了饭就去。"《课本》也是这么解释的，我们没有异议。至于出现在句尾的"了"则是语气助词。《课本》说它也是表示完成，"事情的完成"。"动作的完成"与"事情的完成"是很难区分的。结果两种"了"便都是表示完成了。我们认为这两种"了"还是有区别的。现在有些语法学家认为句尾的"了"的一个主要用法是表示过去某一事件的发生，而我们认为这说法比较好，例如：

洞口终于找到了。

他昨天生病了。

接着上海就解放了。

当然，事件既然发生在过去，多半是已经完成了。所以语气助词"了"很容易被人认为是表示完成。但是像这样一句话："你必须先学好了汉语才能学中国历史"，其中"学好汉语"必须先完成，我们却不能说："你必须先学好汉语了才能学中国历史。"可见在句尾的语气助词"了"的重点不在表示完成。语气助词"了"当然还有别的用法，而表示过去某一事件的发生只是它的功能之一。

（三）名词谓语句

所谓名词谓语句指的是那些以名词或名词性短语为谓语，而肯定式不需要动词"是"的句子，例如：

今天星期二。

这本书多少钱?

他天津人。

《课本》中出现了这类句子,但未加说明。我们现在明确规定这种句子叫名词谓语句。这种句子是汉语特有的句型之一。

(四)情态补语

这名称是新的,指的是原来叫做程度补语的。这个变动主要是吕叔湘老先生的功劳。那些动词后带"得"的补语,如:

这一仗打得真叫漂亮。

毛衣倒是织好了,只是织得一只袖子肥,一只袖子瘦。

他把这首诗写得不怎么像诗。

你干吗来着? 弄得一头一脸的土!

我们传统的名称是程度补语。现在根据吕老的建议改称为"情态补语"。的确,以上例句中的补语部分都不能说是表示程度的。"打"、"坐"、"写"、"弄"这些动词也很难有程度的区分。这些补语都是说明动作的状态或事物通过动作而达到的状态的。但是我们以前把这类补语叫做程度补语也并不是完全没有理由的。请看下列句子:

我蹲得两腿发麻。

他跑得像飞一样。

把小林急得像热锅上的蚂蚁。

老张笑得话都说不出来了。

这些句子中的补语确实像表示程度。第一句说明"蹲"的时间之久,第二句表示跑的速度之快,第三句和第四句就更为直接,表示"急"和"笑"的程度。凡是可以有程度区分的形容词或动词后面带"得"的补语都或多或少地说明程度,而且多半是一种很高的程度的描述。但是这些补语从另一角度说是描述状态的,也未尝不可。一个"跑"字就可以带有各种不同状态的补语：

> 他跑得简直跟走差不多！
>
> 他跑得鞋都掉了。
>
> 他跑得满头是汗。

但是前面那些句中的补语都很难说是表示程度的，所以总起来说，叫情态补语还是比叫程度补语更合适。

（五）结果补语和趋向补语的可能式

原来我们的传统语法体系里有可能补语这一项。指的是动词和结果补语或趋向补语之间加上"得"或"不"的，如"看得完"、"吃不下"、"听得懂"、"解决不了"、"上得来"、"下不去"、"想得起来"、"念不下去"等等。又是吕老建议我们把这一项分别归入结果补语和趋向补语里去，说明结果补语和趋向补语都有基本式和可能式两种。"看完"、"吃下"、"听懂"是结果补语的基本式，"上来"、"下去"、"想起来"、"念下去"是趋向补语的基本式。"看得完"、"吃不下"、"听得懂"是结果补语的可能式，"上得来"、"下不去"、"想得起来"、"念不下去"是趋向补语的可能式。我们认为这建议是很合理的。所谓的可能补语并不是和结果补语和趋向补语完全无关的另一种补语，而是由这两种补语构成的。这样解释似乎更符合语言实际，所以我们又接受了吕老这一建议。当然，有少数是只以可能式出现的，如"解决不了"、"用得了"、"对得起"、"对不起"，它们根本没有基本式。

（六）"在"、"到"、"给"在动词后

"在"、"到"、"给"在动词后，后面再带宾语，如：

> 我的钥匙掉在河里了。
>
> 把孩子送到幼儿园去。
>
> 你的信是写给谁的？

原来《课本》讲得很简单，都解释为动补结构。但是我们觉得"掉在"和

"写给"很不像一般的动补结构。一般的动补结构当中都可以嵌入"得"或"不"，而"掉在"和"写给"不行。另外，"在"和"给"都是兼跨动词和介词的词："我在家"，"在"是动词；"我在家学习"，"在"是介词。"他给我一本小说"，"给"是动词；"他给我写了一封信"，"给"是介词。既然"在"和"给"可以是介词，放在动词后又不像补词，而且后面必须有宾语（动补结构后不一定都有宾语），我们就决定："在河里"和"给谁"算做介宾结构做"掉"和"写"的补语。"送到"仍然算动补结构。"到"是动词，似乎是公认的，好像不兼介词，做补语名正言顺。

（七）"把"字句

《课本》原来对"把"字句的讲法是"为了强调对动词的宾语的处置，用'把'把它提前"。这样的说法意味着：（1）如果不强调，就可以不用"把"。（2）"把"字句是一种强调的句式。（3）所有的"把"字句都是由一般的动宾句子转化而来的。（4）"把"的宾语必须原来是动词的宾语。有一部分"把"字句好像是符合（3）、（4）两项的，比如"你把这杯酒喝了吧！""他刚才把窗户关上了。"但是有些"把"字句并不能还原成为普通动宾句，例如："你把防震棚搭在哪儿了？""他一不小心，把衣服撕了一个大口子。"而且后者中"把"的宾语是"衣服"，而"撕"的宾语是"大口子"。既然不能用普通句式表达同样的意思，"把"字句也就不是强调句式。所以我们把说法改变一下，我们说，如果我们要表示对某事物进行处置，就可以用"把"字句，"把"的宾语是受处置的事物。根本不提它是否是动词的宾语。我们只说有些用"把"字句说明的情况也可以用普通动宾句式说明。这就是说，同一情况可以用两种不同的句式表达。这在任何语言里都是有的，而且有时可以用更多的句式表达同一情况。这样，就避免给学生那种错误的印象——"把"字句是从一般句子变来的。我们自然也指出有些情况，由于结构的关系，只能用"把"字句表达而不能用普通句式，比如上面最后两个例句。"把"的宾语是受处置的事物，这总不会错的。"把"的宾语是处置的对象这一点在下面两个句子里看得很明显："把暖壶灌满水。""把水灌在暖壶里。"

　　"把"字句的解释中最成问题的是"处置"这两个字。其实"把"字句所表达的并不一定都是处置，而普通的句子也未见得都不是处置。如果我们端着一杯酒劝人家喝，我们可以说："你把这杯酒喝了吧！"也可以说："这杯酒你喝了吧！"也可以说："你喝了这杯酒吧！"三句话实在没有多大区别。至于最普通的这么一句话："我把这件事忘得一干二净！"说是对"这件事"的处置，似乎不符合我们对"处置"这个词的理解。又如："他把眼睛一瞪，就冲我嚷嚷起来！"这很难说是对"眼睛"的处置。

　　有时同一个动词，同一个宾语，在某种场合要用"把"字句，而在另一场合用普通句式，两句的意思是不同的。例如："赶快把衣服换了，这么湿，不换非感冒不可！""你等我换件衣服，咱们一块儿走。"前一句的"衣服"指穿在身上的衣服。第二句的"衣服"是要穿上的那件。又如："他倒了杯茶给我喝。""他把茶倒了，又倒了杯热的。"前一句的"茶"是通过"倒"才到杯子里去的。第二句中前一半的"茶"是原来在杯子里的。在各种不同场合，什么时候用"把"，什么时候不用"把"就不光是处置不处置的问题了。当然，并不是所有的动词都能以用"把"不用"把"，来表示不同的意思。"换"可以是"换上"也可以是"换下"，"倒"可以是倒到杯子里去，也可以是从杯子里往外倒，所以才有这些区别。"脱"就不行，"把大衣脱了"和"脱了大衣"意思是一样的。

　　至于那些非用"把"不可的句子，多是由于结构的关系。所谓非用"把"不可的意思是不能用普通主动宾这种词序的句子而已。有些非用"把"不可的句子并不表示我们一般所了解的"处置"。只是目前我们想不出一个比"处置"更好的说法，而这种句子很多是表示处置的，就不妨仍用"处置"这个老名称。

　　教会学生用"把"字句，绝不是只要求学生把"把"字句的词序记住，记住动词后必有其他成分，而且这成分是说明"把"的宾语通过动作达到的结果的。一个外国人真正学会用"把"字句，应该是能够知道在什么场合用、什么场合不用。这就很不容易，因为我们自己也没有给他们讲清楚，因为我们自己也还没弄清楚。比如"把"的宾语的所谓"确指"的问题。究竟什么是我们所谓的"确指"？很多人把这种确指和英语的以定冠词和不定冠词所表示的有定不定混为一谈。也许我们所谓的确指的概念和英语的有定的概念差不多，但我们的确指却不一定要像英语那样必须有一个冠词来表示。

比如说，"一个"或"一"和另外一个量词所表示的，在英语就是"不定"这个概念。但是在"把"字句中，用"一"和量词来修饰宾语却是很普通的，例如："我亲眼看见他骑车把一个人碰倒了。""我把珍藏了不少年的一幅名画送给了博物馆。"另外，什么定语都没有的光光的一个名词，有的能用在"把"字句里，有的就不能。比如回答这么一个问题："你星期天干什么了？"我们可以说："我看小说了。"或"我写信了。"或"我洗衣服了。"前两句回答是绝对不能用"把"的。但第三句我们也可以说成"我把衣服洗了。"我们也可以回答："我把被子和床单都洗了。"我们还可以回答："我把屋子彻底打扫了一番。"我们能这样说，是不是因为"衣服"、"被子"、"床单"、"屋子"都是不言而喻地是"我"的，因而是确指的呢？而"小说"和"信"不带任何定语就不能是确指的。究竟是不是这个原因呢？我也说不清。大家都请考虑考虑。总之"把"字句不是一个简单的问题。我们还得作更深入的研究。我们要撇开外语的有定无定的概念和表现形式来研究，究竟"把"字句所要求的"确指"是什么。很可能不但表现的形式，甚至"确指"的概念和"有定"的概念，就根本不同。

（八）表示存在的"有"

在《课本》里，先出现的是表示领属关系的"有"，后来就出现了"你们班有多少学生？"可是并没有说这两者是有区别的。可能编者就认为其中并无区别，反正前头是主语，后头是宾语。但是我们认为恐怕这两个"有"还是两个不同的概念。表示存在的"有"的主语最常见的是表示方位处所的名词，或表示集体的名词，如："墙上有几张画儿。""我们小组有八个同志。"而这种"有"确实不表示领属关系。由下面两句可以比较清楚地看出两个"有"的不同："桌子有四条腿。""桌子上有四本书。"而后者决不能说成："桌子有四本书。"另外，表示存在的"有"还可以构成无主语句："有西红柿吗？""晚上有没有电影？"

　　当然，"有个问题要问你"，这句话可以理解为"我有个问题要问你"，其中的"我"省略掉了；也可以理解为无主语句。但不能因为有这种句子就把二者的区别抹杀掉。而且从英、法语的角度说，这两种"有"正好有两种不同的译文，学生很容易接受。

二　六项增加

（一）意义上的被动句

　　汉语中这种句子极多，俯拾即是，但很容易为我们忽略，并不认为和一般主语是施事者的句子有什么不同，如："杯子打破了。""这件事得快点儿办。"

　　当然，从汉语角度说，并不一定要专立这样一种句子，因为我们并没有明确规定主语一定是施事者。这种句子和结构上的主语是施事者的句子并没有什么区别，只是主语是受事者。这种被动的意义是很明显而不会引起任何误解的。但是对一个外国人说来，就可能需要我们加以指明：一个被动意义可以用和表示主动意义完全相同的方式来表达。不但可以表达，而且这类句子的绝大部分是不能用"被"字句代替的。在《课本》中第一册没有出现这种句子。在第二册第三十课里出现了一句："一个球打了一分多钟。"第三十二课又出现了一句："这些东西就是给谢大娘送来的。"第三十三课对话里有："窗户擦好了吗？"阅读课文有："这些伤员是什么时候送来的？"这些都是意义上的被动句，都是不能用"被"字句代替的。学生必须学会用这种句子来表达许多外文用被动句来表达的意思。当然，我们讲得很不够，没有指出哪些被动意义要用这种句子表达。哪些要用"被"字句，因为我们自己还不清楚。我们只知道常看见的"我被告知"根本不能算中国话！

（二）前一动词为"有"的兼语句

　　原《课本》有兼语句，但没有这种前一个动词是"有"的兼语句，如"楼下有两个人找你。""桌上有本字典是他的。"我们给的只是这种表示存在的"有"。其实表示领属关系的"有"也可以用于兼语式中："我有个好朋友是大夫。"

（三）说明情况的"是"

这也是一种以"是"为动词的句子，宾语往往是一个短语，而从意义上说是无法和主语画等号的。我们增加了这一句型，因为《课本》中出现了这种句子，但未加解释。这种句子一般是用来说明主语是属于这一情况的，例如：

我是第一次看京剧。

他是不知道这个消息，不是知道而不告诉你。

（四）程度补语

这项增加也是吕老的建议。上面已经谈过，原来的程度补语我们已经改名为情态补语了。程度补语这名称现在就留作别用，专门指那些表示很高程度，多用在形容词后的有限的几个补语，如：

这两天热得很。

这篇课文比那篇容易得多。

他简直高兴极了。

昨天爬了一天山，把我累死了。

以前这些补语是没有名称的，也没有明确它们是补语。

（五）疑问代词的四种活用法

原《课本》这些活用出现得比较晚，而现在我们把它们提前在第三册出现了，如：

谁都知道这件事。

哪里有困难他就出现在哪里。

我希望谁能来帮一下忙。

他没有什么经验。

（六）表示时段的时间词做状语

在基本语法中我们总是说明表示时点的时间词，说明动作在什么时候发生，用做状语放在动词前或甚至主语前。表示时段的时间词，说明动作进行多长时间，总是作为补语放在动词之后，如："宴会进行了三个小时。"我们现在又补充了一种做状语的表示时段的时间词，是用来说明在某一段时间之内，某动作完全没有发生，如：

已经一个月没有下雨了。
他三年没回家探亲了。

三　一项减少

修改本减少了形容词的重叠。这项本应属基本语法范围的，但因课文等关系，已无法编入第二册。只好移到第三册去讲。

四　五个名称说法的改变

（一）连动句

原《课本》叫做"动词连用"，修改本改为"连动句"。

（二）关于趋向补语

在讲趋向补语时，原《课本》指出宾语要放在动词和补语之间，如：

进教室来了。
回家去了。

同时指出：宾语如因动作影响而移动位置，则可以放在动词和补语之间，也可以放在补语之后。例如：

送一些水果去。
送去一些水果。

现在我们明确指出，第一种宾语是处所，说明如宾语是处所，必须放在动词和补语之间。第二种我们指出，如宾语是事物，则可以放在动词和补语之间，也可以放在补语之后。

（三）关于正反疑问句

原《课本》中的名称比较长："并列谓语的主要成分的肯定式和否定式。"

（四）关于方位词

原《课本》指出方位词"上"、"下"等必须附在其他名词后，而"上边"、"下边"等可单用，也可附在其他名词后。修订本中不提方位词"上"、"下"等，只说"上边"、"下边"等方位词如附在其他名词后时，"边"可以省略。

（五）关于时量补语和动量补语

原《课本》把动词后表示时段的名词做的补语叫做时间补语，如："学习了一上午"，把动词后数词加量词做的补语叫做数量补语，如："他来过两次。"修订本把前者叫做时量补语，把后者叫做动量补语。

除了这些以外，修订本的每课的注释差不多都有增加。这是因为照顾到国外有人用这个课本自学，没有教员讲。原《课本》注释少，讲得简单，是把很多工作留给教员在课堂上去做。而出国教材就得把这一部分补进去。1971 年的《基础汉语》在国外发行后，一种普遍的反映是讲得太简单了。现在我们增加的注释不少，但究竟多少才算合适，还要等实践去证明。

附注：

①《汉语课本》，商务印书馆，1977 年出版。

（原载《语言教学与研究》1977 年试刊第 2 期）

建国以来汉语词汇的变化及其原因

几年前我和毛成栋、房玉清两位老师合写过一篇《建国以来汉语词汇的发展变化》，曾刊登在《语言教学与研究》试刊第一集和美国 1974 年 9 月份的《中国语言学报》上。现在这篇文章可以算对那篇文章的补充，是我一个人的意见，偏重于讲讲汉语词汇的变化及其原因以及几个重要的概念。我尽量避免和那篇文章重复。这篇文章主要是为国外读者撰写的。

语言的变化是为了适应社会生活变化的需要而产生出来的。如果人民的社会生活有了变化，语言也必然会有所反映。我们也知道，语言里语法是变化得比较慢的，词汇是变化得比较快的。汉语自然也是按照一般的语言的变化规律一直在发展变化。以前它的变化，由于中国社会的发展变化极慢，所以也非常慢。比如说，如果在 1919 年五四运动前后，一个中国人到国外去侨居了三十年，在 1949 年解放前夕回到中国，他在语言上不会感到隔阂。人们口头上书面上的语言他仍然能懂。因为这几十年中国的社会变化不大。但是如果一个中国人在解放前夕到国外去，或者到台湾去，而在三十年后回到中国内地来，在语言上他就会感到有了很大隔阂，有许许多多的词语不懂。汉字没变，不过写法有些简化了，简化汉字中有许多是原来就有的。这些简化汉字对于一个原来会汉语的中国人说来并不困难。困难的是由原来很熟悉的汉字记录下来的新词，尤其是这些新词的含义；甚至一些旧词的新的含义，对他来说都是陌生的。从 1919 到 1949 三十年，从 1949 到 1979 年也是三十年，这后三十年中国社会的变化是前三十年没法比的。不但那三十年没法比，这三十年的变化之大之快在中国历史上也是从来没有过的。从语言上看，尤其是它的词汇，变化也比以往大一些。这也就无怪许多解放前离开内地的中国人，三十年后回来有些感到茫然。

现在我首先要谈谈中国从 1949 年以来，究竟发生了哪些足以影响到语言的新事物。

1.1949 年建立了社会主义制度的新中国，这是最根本的变化。其他变化都是由这一变化派生出来的。新中国的建立大大提高了中国在国际上的地位，对汉语的影响首先是，汉语作为一种国际语言，地位提高了。解放前，外国人学汉语的不多。由于中国有悠久的历史，灿烂的古代文化，所以还是有一些外国学者对中国发生兴趣。但他们对汉语的知识多半限于古代汉语，因之只具备阅读古汉语的能力。对现代汉语感兴趣的极少。外国人在中国，除了传教士，很少有人会说汉语。半封建半殖民地的中国上流社会，尤其是一些知识分子，以会说外语为荣。在中国人和外国人交往中，都是说外语。虽然在联合国中汉语早已定为工作语言之一，但在实质上并没有使汉语受到国际上的重视。在文化交流、科学交往的国际会议上，简直没有用汉语的，哪怕所谈论的题目是中国的东西。解放后就大不一样了。学汉语的外国人大大增加，而且学的是现代汉语。会说汉语的人越来越多。因之汉语作为外语的教学工作与科研工作也有发展。尽管发展还极为不够，但和解放前已不可同日而语了。中国人和外国人交往中有时就说汉语。国外学者研究现代汉语的也多起来了。这些都对中国人起着很大的鼓舞作用。许多人都认识到汉语作为外语教学是一门科学，值得研究。这样对汉语研究的发展起了很大的推动作用。

2. 解放以来，人们关心政治，经常进行政治学习。所有的在职干部，包括农村的干部，以及工人、农民、大学学生、学校教师，以至中学学生、城市中家庭妇女都组织起来进行一定时间的学习。所谓政治学习，包括哲学的学习、马列主义的学习、党的政策以及报纸的学习。自然，学习的水平不同，有高有低，但总的说来使许多原来不大关心国家大事的人逐渐关心起来，使许多人的文化水平随之逐渐提高了。在学习中，大家都学到了某些词语，以及新的说法。在讨论时，大家都要运用这些新东西，于是一些新词语、新说法很自然地就在人民的口头笔下推广开来。对比一下在旧中国农村的文化是何等的落后、闭塞，农民对于国家大事是何等的不闻不问，就会认识到这种学习对于占中国人口 80% 的农民的文化的提高起着多大的作用，对于他们的语言现代化起着多大的作用。

3. 解放后，中小学教育有了很大发展。广大的劳动人民的子女有了入学的机会，大大改变了中小学甚至大学学生的成分。一个人对语言的使用和他所受的教育有很大关系。在旧中国，从语言的使用上很容易判断一个人的社会地位，而现在就比较困难，尤其是年轻人。大家在语言的使用上比起以前来大大地接近了。

4. 在过去的三十多年里，进行过多次政治运动。这些政治运动都是普及全国的活动，是全民参加的。每次运动都必然产生一批新的词语，运动过后有些慢慢被遗忘了，有些就留下来长期在语言里使用，成为比较稳定的成分。

5. 新中国建立以来，广播事业有了很大的发展。近十几年，电视也逐渐普遍起来，普通话通过无线电广播和电视深入广泛地传播到方言地区，使说各种方言的人能大量接触普通话。这对推广普通话和语言规范化起了极大的作用。新词语、新说法自然也就跟着推广了。

总之，以上所说的新中国这三十多年来所经历的一些从前旧中国所没有经历过的新的变化，使汉语尤其是汉语词汇也发生了相应的变化。汉语词汇变化主要表现在以下几个方面。

一　哲学术语的大量涌现

上面提到过解放以后普遍推行了学习制度，学习的内容有时事，有党的政策，有结合当时运动的文件，也有唯物主义的哲学。学习的目的一方面是改造自己的思想（所谓改造思想是指改变自己的非无产阶级的思想，使自己的思想转变到无产阶级这方面来）。这种改造首先是立场观点的改造；另一方面是改造思想方法，那就是指学习运用辩证唯物论和历史唯物论来分析问题，解决问题。因为新中国的建立标志着中国由一个半封建、半殖民地的社会变为社会主义社会，人的思想如果不改变就不能适应新的社会。思想方法如果不改变，在工作中就往往行不通，要碰钉子。所学的文件、报纸、政策都充满着辩证唯物论和历史唯物论，所以在群众的口头笔下哲学的术语很快就普及起来了。首先就是上面提到的"立场"。在文章中、在谈话中常常看到听到"站在无产阶级的立场上"、"立场坚定"、"立场不稳"等等。所谓一个人的立场就是一个人在考虑问题的时候是从什么角度去考虑的。比如在学校里对于考试，当老师的从老师的角度去考虑，那就是站在老师的立场上。做学生的从学生角度去考虑，那就是站在学生的立场上。比如说一个干部，他的一个好朋友做了错事，应该受到法律制裁，他如果是站在人民群众的立场上就应当同意他的朋友受到惩罚。如果他的"立场不稳"，他就会想办法去包庇他。"立场坚定"的一般意思就是坚决从人民群众的角度去对待事物。

其次就是"矛盾"。这个词也是用得非常普遍的。这是因为"矛盾"是无所不在的。"矛盾"可以指很严重的、很严肃的事情。比如战争就是交战两方面之间的矛盾尖锐化到一定程度所采取的武装斗争的激烈形式。也可以指日常生活中的现象，比如两个人之间的意见不一致。甚至我们学习一门功课，就可以看做是我们和这门功课之间有矛盾，即我们的主观认识和客观事物的规律有差别。经过努力学会了一点，矛盾就算克服了一点。完全掌握了，主观完全符合客观，矛盾就完全解决了。但是我们知道完全掌握是不可能的，总有新的不会的东西，那就是新的矛盾。所以说我们每天都在努力解决一个又一个的矛盾。现在日常生活里矛盾用得非常多，可以说"两个人之间闹矛盾"、"我的心里很矛盾"、"学习好和体育好并不矛盾"等等。

"主观"、"客观"又是两个哲学术语。"主观意志"就是每个人自己想要怎么样。"客观规律"就是自己以外的现实，大至自然界的各种规律，小至人和人之间的关系。如果单凭主观意志，我们可以说我可以拼命努力，三个月之内学好汉语，但是学习一种语言的客观规律并不是这样的。尽管你再努力，三个月也太短，学不成。我们做事情失败常常就是因为主观的愿望不符合客观规律。这两个词在运用中在意义上又有所发展："你太主观了"、"主观主义"、"主观和客观相脱离"都是贬义的。"他看问题很客观"有赞美的意思，但是"客观主义"则又有贬义。

"表面现象"、"事物本质"又是两个术语。我认为说明表面现象和事物本质的最好例子就是人的牙齿，刚生下来的婴儿没有一颗牙齿，有许多老人也是一颗牙齿都没有，从"表面现象"看，完全一样，但是这两种情况的"本质"是完全不同的。所以我们强调一定要透过"现象"看"本质"。此外，"理论"和"实践"、"实践是检验真理的唯一标准"、"思想"、"认识"、"思想问题"、"思想斗争"、"做思想工作"、"量变"、"质变"、"突变"、"渐变"、"感性认识"、"理性认识"等等，都是很常见的哲学术语。

二　科学技术、医学等词汇大量增加

解放前中国是半封建半殖民地。有广大贫穷落后的地区和少数畸形发展的城市。各种自然科学包括医学很不发达，尤其是和广大的劳动人民不发生关系。广大劳动人民多数是文盲。工厂科研机构不多，其中的工人只是单纯的体力劳动者，专做笨重的体力劳动。科学技术是少数科学技术人员的事。所以科技术语的应用，只限在科技人员中，自然不能广泛流传。广大劳动人民也没有什么就医的机会，当然谈不上运用那些医学术语。当时的医科大学或医院中的医生，为数很少。他们在受教育训练的时候，往往是通过外文的书籍和讲授。许多医学术语在医生之间都用外语。很多医生并不知道汉语的译文。报纸上也很少刊登科研成果、医学成就的文章。这类词汇自然无从推广，人民在生活中很少用。

解放后大不一样。第一，随着祖国的独立自主，汉语的地位大大提高。大学里各种课程都用汉语讲授。许多以前没有译成汉语的书籍材料都逐步有了汉语的译文。科技人员、医生之间也用汉语讨论业务。第二，由于教育的普及，科技人员、医生的数量大大增加了，尤其是教科书是汉语的，讲授也用汉语，学的人也就自然多起来。这样，汉语的科技医学术语自然就大大推广。即使是在工厂和科技研究机构中的工人，由于解放后他们的地位不同了，他们通过学习政治，提高了觉悟，也参加到科学研究工作中来。又因为科学书籍有了汉语的，他们的学习就容易多了。有许多工人通过自学或业余学校的学习，也具备了科学理论知识，不是简单的体力劳动者了，他们和科技人员逐步融合在一起。就这样，语言中的科技词汇大大推广。至于医学词汇的推广则和我们的医疗制度有密切的关系。由于这个制度，广大劳动人民都有了就医的机会，医生护士现在用的都是汉语的术语，病人自然也就学到了。所以这类词汇很自然地就在人民生活中出现。报纸上关于科技医学等等的报道也大大增加，使这类词汇大为推广。了解其内容、能使用的人自然与日俱增。

三　词汇中的鲜明的褒贬义

由于1949年以后有很长一段时间特别强调阶级斗争（现在看来，有时强调得太过分了）。在习惯上、思想方法上就特别注意和敌人划清界限。个人的爱和恨要十分分明，"是"和"非"要分得清清楚楚。于是，在语言上就表现为鲜明的褒贬义。同样一件事，是敌人做的，叙述时用的一套词汇，和叙述自己人做的就完全不同。例如："发动强大的攻势"和"发动猖狂的进攻"、"宁死不屈"和"死不改悔"、"坚持斗争到流尽最后一滴血"和"进行垂死挣扎"、"为正义事业牺牲"和"为反动派卖命"、"坚守阵地"和"顽抗到底"、"诡辩"和"据理力争"、"随机应变"和"见风使舵"、"勾结"和"联系"等等。

四　大量的简化词

和许多别的语言一样，汉语中简化词越来越多。由于汉语不是拼音文字，简化起来自然和拼音文字不同。汉语的简化有两种方式：

（一）一个数词加上几个短语中的共同词素

三反：反对贪污、反对浪费、反对官僚主义

五反：反对偷税漏税、反对盗窃国家资财、反对偷工减料、反对行贿、
　　　反对盗窃国家经济情报

三好学生：身体好、学习好、工作好的学生

五讲：讲文明、讲礼貌、讲卫生、讲秩序、讲道德

四美：心灵美、语言美、行为美、环境美

四化——四个现代化：工业现代化、农业现代化、国防现代化、科学
　　　技术现代化

（二）把每个词的一个词素结合在一起

土改：土地改革

教职工：教员、职员、工人

工农兵：工人、农民、士兵

知青：知识青年

文艺：文学艺术

文娱：有文化意义的娱乐

科技：科学、技术

理工：理科、工科

支书：支部书记

党委：共产党的各级委员会

五　词汇多音节化

　　古汉语中双音节词已经很多了。不过建国以来，双音节化更快更多起来。这一点在上面提到的 1974 年那篇文章中已经谈过了，不要多说，只再举几个例子。汉语现在趋向于双音节化最说明问题的无过于"有着"这个词的出现。新中国成立以前，一般不在"有"后加"着"。"有"是一个不该加"着"的动词。但是现在确实常见"有着"。当然，在日常生活中"有"还是"有"，"有着"仅见于书面语，而且宾语多是抽象事物，如"有着崇高的理想"、"有着深切的感情"。从意义上说，和"有"没有区别，纯粹为了增加一个音节。还有"加以"和"进行"，和双音动词连用也是近二三十年的事："加以解决"、"加以整顿"、"加以描绘"、"加以消灭"等等，意思和"解决"、"整顿"、"描绘"、"消灭"没有什么不同。"进行讨论"、"进行研究"、"进行训练"、"进行整理"等等，意思和"讨论"、"研究"、"训练"、"整理"也没有什么不同。这些目前也还是只限于书面语。但是目前口语和书面语愈来愈接近，说不定这些用法很快就成为口语化的说法了。为了四音节化，有些新的短语已经影响到语法的变动。"服务"原是不及物动词，"富裕"是形容词，但最近已经出现"服务首都"、"富裕农民"的新说法，指的是北京郊区农民要大量生产蔬菜、肉、蛋等，为首都居民服务，同时又可以使农民富裕起来。"忠诚教育事业"是另一个形容词转化为动词的例子。总之随着目前"四化"的发展，新的词语将不断涌现。

除了上面所说的那些具体的词语的变化以外，还应弄清楚几个词语的基本概念。

（一）"革命"的概念

从前人们对"革命"两字的理解总是以武装斗争，推翻原有的政权，建立一个新的政权。现在我们所谓的革命虽然有时仍然是这个意思，但很多时候并不是这个意思。若只是指革命战争，那中国的革命似乎在三十三年前已经结束。但从某种意义上说，取得政权只是完全了革命的第一步。以后要做的事都属于"革命"的范围，都是革命工作。一个人什么时候开始在中国共产党领导之下工作，他就是从那个时候起参加了革命。但旧社会管工作叫"事"，找工作叫"谋事"。"做事"的目的是为了挣钱养家。但在新中国，大家懂得，不论做什么工作，都是革命事业的一部分。不论做什么工作都不只是或不主要是为了挣口饭吃，而是为了完成大家共同的革命事业。目前中国人民主要的革命事业就是四个现代化。一切正当的、于四化有益的工作都是革命工作，都是革命的意义。

（二）"群众"的概念

中国共产党在未掌握全国政权以前，在和国民党以及各种反动势力进行斗争的时候，依靠的是群众，主要是工人和农民。农民占中国人口80%以上，是中国最广大的群众。没有农民的支持，中国革命的胜利是不可思议的。共产党的党员多数就是来自工农。工农群众最拥护共产党，因为党是为他们谋利益的。党也最了解群众的重要性。当然，现在群众并不止工人农民，城市居民、学校的学生、知识分子都是群众。共产党赢得群众就赢得一切，失去群众就将失去一切。所以在我们的语言里，每时每刻都有"群众"出现："联系群众"、"脱离群众"、"群众观点"、"群众路线"、"干部与群众之间的鱼水关系"。每一个人是"群众"的一员。每一个人和他周围的人之间的关系，都是一个人的"群众关系"，一个领导和被他领导的人的关系，自然是领导和群众的关系。就党内外而言，党员和非党员关系是党员和群众的关系。"群众"是现代汉语中出现频率很高的词。

（三）"集体"的概念

大家都知道社会主义提倡集体主义，反对个人主义。每个人既是个人，又是一个集体的一分子。差不多每个人都组织在一个小集体里。集体之中互相关心。一个人有困难，大家帮助解决。有许多任务都是由集体来承担完成，反对突出个人。所以"集体"这个词在语言里出现的频率很高。比如学校一个班就是一个"集体"，"集体主义精神"就是指在一个集体之中互相关怀、互相帮助的精神。今后这种集体主义观念还是要发扬的。另外，从生产资料所有制方面来说，中国现在有三种所有制：全民所有制，也就是国营的；集体所有制，如人民公社，以及现在城市有些由集体经营的商店等等；个体所有制，由一个人或一个家庭经营的商业、手工业或服务业。所以"集体"还有区别于"全民"和"个体"这样一个意义。

（四）"斗争"的概念

在旧社会，中国无产阶级处于无权的受压迫的地位。为了争取生存解放，无产阶级必须革命，也就是说同统治者和一切反动的势力斗争，没有通过这种武装斗争所取得的胜利就没有今天的新中国。但是，对于"斗争"，这个在解放前不常见到，而在解放后成为最常见的基本词汇之一的词，不可理解为仅仅是指武装斗争或战争。当然这些也是"斗争"。但是"斗争"的范围很广。只要是用体力或脑力来解决一个问题，克服一个困难，都可以叫做"斗争"。我们知道除非一个人不做任何事情，只要想做成一件事，就必须会有困难要克服。克服任何困难的过程都可以叫做斗争。甚至一个人自己在要做出一个重要决定之前，自己的种种考虑，又想这样做又不想这样做，这就是一种"思想斗争"。"斗争"的这一概念在汉语里随处可见。

我们知道近半个世纪以来，世界上的科学技术发展比以前快得多，各国的语言也都受到影响而有了明显的变化。汉语由于上面谈到的种种原因，可能是变化最多的。这些变化并不都是往好里变。过去有一段时期，很多文章非常刻板，千篇一律。有许多人的谈话也一样。他说个开头，你就可以知道结尾。语言工作者、语言教师、新闻工作者、编辑、作家等等要努力提高自己的运用语言的能力，再影响到全体人民的言语活动，近几年来我觉得报纸杂志以及文艺作品等等，在语言的运用上已经有了进步，比以前活泼得多了。那些标语口号式的语言已几乎绝迹，现在仅留为大家茶余酒后的笑料而已。这也是因为人民的政治生活已进入了一个生动活泼的局面。语言不可避免地要反映人民的生活。要想了解一种语言，必须了解说那种语言的人民的生活，他们的过去的生活，和更重要的目前的生活。不到中国来听听人民如何谈话，不来亲眼看看中国人民如何生活，是无法了解这紧跟时代的步伐的现代汉语的，更不用说，彻底地掌握运用它了。这就是为什么中国才是学现代汉语最理想的地方。

（原载《语言教学与研究》1982 年第 3 期）

校《汉英小词典》所想到的

我院去年编印的《汉英小词典》①（征求意见稿）是许多同志辛勤劳动的结果。功夫没有白费，这本小词典对外国学生学习汉语总算有些帮助。当然我们在看到成绩的时候，也应该知道工作中还有不足之处。一年多来我们对这本词典进行加工修正，我个人也参加了这项工作（校对英文部分），有了一些想法。为了修订好这部词典，我想把我在校对过程中产生的想法谈一谈。

无论谁在翻译这本词典时都必须时刻提醒自己这是本词典，不是一篇文章或一本小说。在翻译一篇文章或一本小说时，如果把一个词的意思翻错了，不过使读者对读物有些误解。（当然，如果碰上关键性的词，也可能造成很大的危害。）但读者不一定把你译的这个词当做原著中那个词的译法的准绳。但词典就不同，每一个词的译文在使用词典的人看来，就是标准。他是按照词典里说的去理解，去使用一个词的。一本为外国人使用的词典就更是如此。为本国人使用的词典所负的责任似乎轻一些，因为使用人对这种语言已有大量的感性知识，可以弥补词典的不足之处。而一个外国使用者，感性知识是比较少的，初学时的感性知识几乎等于零，不能弥补词典的不足之处。只要有一点漏洞，他十之八九是要掉进去的。凡是教过外国学生的同志大概都有这个体会。我们学外语的同志想一想自己是如何信任词典的吧！尤其是在初学的阶级。而初学汉语的外国人正是我们编这本词典的对象。人家也将是像我们那样去信任我们这本词典的，所以我们一定要尽最大的努力不辜负人家对我们的信任。但考虑到这是一本词典，错误即使是极少数也不能等闲视之。

首先，在翻译的时候千万不能"想当然"。这本词典中有一个比较明显的"想当然"的错误，就是"可控硅"的译文。对于我们这些自然科学知识仅限于知道"硅"是一种物质的外行来说，"可控硅"三个字确实很像意味着"硅"分为两种，一种是可控的，一种是不可控的。于是译者就想当然地译为 controllable silicon！而这本词典的法语译者，大约出于对英语译者的盲目信任，在法语版中就译为 siliciun conrtollable！译者万万没有想到"可控硅"是"硅可控整流器"的简称，英译文应是：silicon controlled rectifier。"硅"不但不是控制的对象，人家还控制电流呢！当初这种整流器怎么会简化成这么个名字，确实有点怪，也可以说，有点不大合理吧！不过约定俗成，也无从追究责任。其实这个错误完全是可以避免的。不懂就问，多查查词典嘛！至于我们这本小词典收这么个词条是否合适，可以考虑。这是另外一个问题。

　　另一个例子是"代用品"。译者把"代用"译成 substitute，这是对的。但是"代用品"却译为 substitution。大概译者认为动词既是 substitute，名词自然是 substitution 了。-tion 硬实是名词词尾，但多是抽象名词。其实一查词典就会知道，substitute 既是动词又是名词，而名词的含义就是"代用品"。译者把"媒介"译为 transmitter。我想这是因为 transmit 有传染、传播的意思，所以译者想它的名词是 transmitter。没想到 transmitter 作为名词比动词的意思窄，只是 transmit 其他意思的名词化。

　　第二，译文要精确，尤其是没有例句的词条。千万不能译个大概齐，沾一点边。尽我们最大的努力，还可能不精确。若是一开始就不是高标准要求，就更不知差到哪儿去了！比如"珠算"译为 abacus。词典上 abacus 明明白白地写着是"算盘"。"珠算"和"算盘"确实沾边，但也仅限于沾边而已！"畅快"译为 delightful，"畅快"指人的心情状态，而词典中 delightful 的意思是 giving delight（to），多用来修饰事物。上海出版的《新英汉词典》词条的译文就非常精确，要向他们学习。这本词典的 delightful 后面写着：1.（事物）令人高兴的；使人快乐的。2.（人）讨人喜欢的；可爱的。这些意思显然都不是"畅快"。"畅快"如译成 delighted 还差不多。我们一定要注意英语形容词的 -ing, -ed, -ful 这几个词尾的不同作用。又如"歧义"译文是：ambiguous word or a word with two or more possible meanings。

"歧义"明明指的是意义，怎么会成了 word？英译文的意思是：有歧义的词。沾边则沾边矣，但究竟是两码事。更有趣的是"失踪"。译文有四个：disappear；lose traces of；missing；vanish，从字面上看，第二个最符合"失踪"，因为 lose 是"失"的意思，traces 正是"踪"。而偏偏就是这个错了。我们可以说，we have lost all traces of them 意思是："我们不知道他们哪儿去了"（也就是"他们失踪了"）。"他们失踪了"却不能译为：They have lost traces。

"戏剧性"译为 dramatic；dramatization。带"性"的词有点讨厌。是名词，却又常做定语。dramatic 从词性上说和"戏剧性"不同，但意思是对的。dramatic 意思是戏剧性的或富有戏剧性。译者可能想"戏剧性"既是名词，总得给个名词的译文，于是写上 dramatization。英语以 -ize 结尾的动词多是"……化"的意思。dramatize 是"把……改编为剧本"而 dramatization 是这个动词发展成的名词，和"戏剧性"就相距很远了。同样，"系统性"译为 systematization，也犯了类似的错误。

"合得来"译为 be on good terms with，确实是很沾边的，但还不完全合适。凡是用"合得来"的时候，主语必定是两个人，甚至多于两个，而不会是一个人，而 be on good terms with 指某人跟某人合得来，如：I'm on good terms with him。这句话固然可以译为"我跟他合得来。"但"我跟他"是主语，和英语中的 I 和 him 的关系不同。把"合得来"译为 be on good terms with 会使外国人造出"我合得来他"这种句子。

"服从"的译文是 obey；subordinate。前者是对的，而后者又是沾点边。如果要说："少数服从多数"，英语是：The minority is subordinate to the majority，而不是：The minority subordinates the majority，所以正确的译文应是 be subordinate to，"构成"英译文是 consist of 及其他几个词。在《新英汉词典》中 consist 的定义是："由……组成；由……构成（of）"，这是非常精确的。否则 water comsists of hydrogen and oxygen 译成汉语，岂不成了"水构成氢和氧"？"构成"其实可以译为 make up。

第三，请多使用《现代汉语词典》（以下简称《现汉》）。不要以为自己对汉语词义的了解都是没有问题的。实际上有不少词义，虽是我们自己的语言，我们了解得并不完全正确。我发现很多学外语的同志，外语词典翻得很勤，却不大爱翻汉语词典。其实多翻翻有好处。

"前夕"的英译文是两个：（1）the night before last，（2）eve。如果翻开《现汉》，"前夕"下面给了两个意思：（1）前一天的晚上（如 Christmas Eve），（2）比喻事情即将发生的时刻（如 on the eve of great events），和 eve 的意思完全吻合。完全没有"前天晚上"（the night before last）的意思。请注意："前一天的晚上"和"前天晚上"，虽是一字之差，意思却大不相同！

"职权"这个词，译者完全从表面来着眼了，译为 positions and powers。如果翻开《现汉》，"职权"后面却写着："职务范围以内的权力"，那怎么可能像上面那样翻译呢？可是和"职权"正相反，"修造"却恰恰是"修"和"造"。《现汉》的"修造"的定义是："修理并制造。"这样一来，译文：build；construct 又完全错了。

"忽略"译文是 neglect；ignore。"忽视"则是 neglect；ignore；overlook。译者显然对这两个词的意思是否有区别不太清楚。《现汉》中的"忽略"意思是：没有注意到，而"忽视"是：不注意；不重视。英语词典中 overlook 的意思是 fail to see or notice 和"忽略"吻合；而 neglect 的意思是 pay no attention；give no or not enough care to，正好是："忽视"。ignore 的英语定义是 take no notice of，也可以算"忽视"。这样，两个词就分清楚了。

以上的例子可以说明，译者如果多翻翻英语词典，多翻翻《现汉》，多注意词义和用法，这些错误都是可以避免的。

还有一些词就更难翻一些，简单从事，恐怕不行。例如"徒刑"简单译为 sentence 是不妥的。《现汉》中说"徒刑"有两种："有期徒刑"和"无期徒刑"，可见"徒刑"不包括"死刑"，而 sentence 包括"死刑"，《新英汉词典》对 sentence 的译文有："判决；宣判；课刑"，就是没有"徒刑"。

"退还"简单译为"send back；return"也不妥当。《现汉》里"退还"的定义是："交还（已经收下来或买下来的东西）"。这括弧里的一句话是非常重要的，不然和"交还"或"送还"就没有区别了。简单译为"send back；return"会使外国人说出"我把书退还图书馆了"这种句子来。

　　以上所举的例子是修订中发现的问题的一些例子，这足以说明我们在修订时多花一些工夫，仔细推敲，并不是多余的。

附注：

①《汉英小词典》，1979年改名为《现代汉英词典》，由江西人民出版社出版。

（原载《语言教学与研究》1978年试刊第4期）

《汉英双解词典》的设想

所谓对外汉语教学是指把汉语作为外语对外国人进行教学。这门学科兴旺发达起来是解放后的事，不过四十年。当然，四十年也不算短了。按说早该有些供外国人用的汉外双语词典问世。可实际上只有北京语言学院编的一本《简明汉英词典》（1982 年由商务印书馆出版）。这本词典也已有法文、日文、阿拉伯文等版本。不过既是简明，就未免收词少些，注释简单，具有较高水平的外国学习者是不满足的。北京外国语学院和外语教学与研究出版社都出版了汉英词典，收的词也比较多，但两本词典的使用对象都是中国人，无须乎讲解用法。外国人学汉语，如果想用这语言表达思想，有时仅仅了解词义是不够的。有些词不知道用法就不会用，就像英语中某些词对中国人一样。比如说，"一点儿"、"有点儿"、"稍微"译成英语都可以是a little, a bit, slightly。那外国人理所当然地会说："我觉得一点儿冷"或"我觉得有点儿冷"或"我觉得稍微冷"。实际上只有第二个是对的。可见这三者在用法上必然有区别。这区别是什么？一般的词典是查不到的。

由于以前汉语不曾作为外语进行教学，编词典时很自然地不会想到外国人可能要用，不会想到他们的需要。另外，中国词典编辑的传统中也似乎没有用法的地位。近年来，中国语言学界注意到词的用法，开始编辑专讲词的用法的工具书，如《现代汉语八百词》、《汉语多功能词典》。这些无疑对汉语水平较高的外国人有很大的帮助。但没有外语译文，对外国人又有些不便。而且讲用法也有针对性的问题。

我们的工作是教外国人汉语。既然没有专供外国人用的汉语词典，编辑这种词典对我们来说，自然就是责无旁贷的了。同时，通过多年的教学，积累了对外国人讲解词语的经验，发现了许多词语的规律，是一般把汉语作为母语进行教学的教员所不易发现的。即使错误在所难免，也值得记录下来，给人以启迪。以上面提到的"一点儿"、"有点儿"、"稍微"为例，由于英译文都差不多，外国人用起来容易发生错误，我们不得不把这三者加以比较。发现了三者的区别："一点儿"除了是表示少量的不定量词外，常作为补语用在形容词及某些动词之后，含有比较起来差别不大的意思。"有一点儿"是指某人、物比另一人、物稍大，或某人、物稍嫌太大。外国人必须记住"一点儿"一定要用在词语之后。"有点儿"则一定要用在含有贬义的词语之前，如"有点儿冷"、"有点儿不舒服"。而且"有点儿"是个固定短语，"有"已失去动词"有"的作用。"稍微"，严格地说，应译为 slightly，是个可有可无的副词。用"稍微"时，后面同时必有表示少量、轻微的词语，如"一点儿"、"有点儿"、"一会儿"、"一（动）"等。"稍微"是用来加强这些词语的轻微程度的，不用也不影响句子的合法性。经过这一比较，三者的用法就区别开了。这样的讲解就能使外国人不但了解意义，也会自己运用。词的意义与用法通过近义词的比较最容易发现。所以比较近义词并不一定是为了讲解近义词，而是为了去发现每个词的意义和用法，对外国人学汉语是大有好处的。

　　另外，汉语中有些虚词在英语或其他外语中没有相应的翻译。外语译文中或者省略掉，或者用其他方式译出其意义或作用。而用汉语表达则是不可少的。其中最典型的是"就"。这是个兼类词，有时是动词，有时是介词，有时又是副词。作为副词的"就"，用途极为广泛，对外国人说来，却是很难掌握的。"就"用得好，可以算做汉语水平高的标志。我们的词典不得不加以详细的描述。"就"作为副词，首要的用法是用在复合句的第二分句中，表示前一分句是条件。汉语虽然有表示条件的连词"如果"、"要是"、"假如"等等，但在很多情况下，略去不用，而第二分句中的"就"却往往是不可少的，例如："明天下雨我就不去"、"两个人没有共同语言就不能交际"、"只要用功，就能学好"。"就"虽然起关联作用，但是只能用在谓词前，而不能用在主语前，所以我们还认为是副词而不是连词。另外，副词"就"还有许多别的用法，其中有很多，意思是和"才"相对的："他八点钟就起来了"、"三十元就够"。同一情况既可用"就"，也可用"才"，完全取决于说话人对时间和数量的看法。以上都是我们的教学经验，是值得记录在我们的词典中的。我们确实认为我们对外汉语的教学经验可以弥补一般词典某些不足之处。因此我们决心编辑一本词典。

当然，为达此目的，我们可以出版一本《汉英词典》，无须乎用汉英双解。只是根据我们自己学外语的经验，当外语学到一定的水平，学习者往往不满足于双语词典，而想使用单语词典，看看究竟如何以本族语解释某一词语的，因为一般的译语不能体现出语言的文化背景，更何况每种语言中都有若干独特的词语在外语中是没有对应的词语的。这些尤其要看单语词典的注解。学汉语的外国学员也有这种要求，因此我们认为有一部分词语值得用汉语注解。不过为了便利汉语水平较低的读者，我们将这些注解译成英语，成为"汉英双解"。

这本词典虽名为汉英双解，但并非每个词条都有双解。其中很大一部分是只给英语对应词的，如名词中的具体人、物，如"男人"、"桌子"、"猫"、"狗"，以至"记忆力"等，动词中的"跑"、"跳"、"退休"、"后悔"等，英语确有对应词的，我们就只译成对应词。这些词如果用汉语解释，对我们、对读者都很困难，而且劳而无功。这是一本语文双语词典，不是百科词典。我们应利用双语的便利，而没有给事物以科学定义的义务。只有在用汉语注释有利于外国读者掌握意义和用法时才用汉语注解。

总之，这是一本我们认为对外国人学汉语有实用价值的汉英词典。形式与内容完全是通过教学实践决定下来的。究竟我们的目的是否达到，还要由读者去评定。错误肯定不少，希望读者指出并加以更正。

（原载《汉语学习》1990 年第 5 期）

由编汉英双解词典
看到的词典释义问题

北京语言学院语言教学研究所的词典组同志们正在编写一本汉语的汉英双解词典。从名称上就可以看出这本词典的源语是汉语，释义部分则既有汉语的释义又有英语的译文。需要说明的是：并不是所有的词条都是双解，双解只是其中的一部分。比如很大一部分名词，如"狗"、"铁"、"癌"、"哲学"、"概念"、"语法"都没有汉语释义，而仅仅有英语的对应词"dog, iron, cancer, philosophy, conception, grammar"。这是一本为说英语的学生学汉语用的语言教学词典，没有给生物学、医学、哲学专业知识的任务。把"狗"用汉语解释一番，再把这些解释翻成英语，对学生学语言来说是劳而无功，白白浪费篇幅和编辑及查阅者的时间。但是任何语言中都有很大一部分词很难在另一语言中找到恰当的对应词的，尤其是在脱离语言环境的词典中。汉语中最突出的例子是各种虚词。对于一个学外语的学生，在外语达到一定的水平之后，对于这些词往往不满足于查看简单的双语词典，而想看用源语解释源语的单语词典，看看究竟说母语的人，对这些词有什么样的理解。这就是为什么我们对很大一部分词要用汉语解释的原因。不过为了使水平较低的查阅者也能使用，我们又把这汉语解释翻译成英语。于是就成了汉英双解。这本词典既是语言教学词典，又是为水平较高的学汉语的外国人服务的，对其中不少词条，很常用，却不容易用的，就不仅要注音、释义，而且要讲用法。因为查阅者有很多不仅要求看懂、听懂汉语，而且要自己运用汉语表达思想。

我国传统的字典主要是注意释义而且力求简明，多是以词释词，很少说明词义的褒贬或所带的感情色彩，更少论及用法，因为以前很少有人想到汉语能作为外语为外国人所学习，因而词典要供外国人查阅。英语由于历史原因已成为世界最普通的第二语言或外语，因此在词典的编写上要比我们先进得多。有许多值得我们借鉴之处。中国社会科学院语言研究所所编的《现代汉语词典》和后来的《现代汉语八百词》，都向词典现代化大大迈进了一步，使我们在许多地方有所遵循并给我们启发，使我们受益不浅。由于我们要对许多词条用汉语释义讲用法，而且要尽量使外国人看懂，而且会用，有许多别的词典从来不曾涉及过的东西，我们通过教学实践得来的，关于一些词语的特点，都要进入我们的词典。尤其不可忽略的是要考虑到一些词语的英译文可能引起的误解，也要通过释义来避免。所有这些都不外乎通过以下三方面表现出来：1. 指称意义（designation），2. 附加意义（connotation），3. 使用范围（usage）。

1. 所谓指称意义，就是词的最基本的意义，也就是一个词所代表的说那种语言的人对某事物的概念。这是每个词，尤其是实词，都不可或缺的。有很大一部分词，只有这部分而没有其他两部分。有许多这类词的指称意义在单语词典可能是比较复杂的，而在双语词典或我们这本词典里，倒是很简单，只要英语的对应词就够了，如上面所举的几个例子。和这类词完全相反的是每种语言都有的所谓文化局限词。这类词是和说那种语言的人的文化背景有关的，是代表那种独特文化产生出来的东西的概念。另一种文化没有这种东西，于是也就没有对应词。比如"华表"是"上面雕着龙凤等花纹的大石柱，放在宫殿之类大建筑前作装饰的"。"大秋"是"九十月收割玉米、高粱等作物的季节"。最讨厌的无过于亲属关系。对我们说来简单不过的"哥哥"，在英语竟无对应词。虽然在具体上下文中，如果知道其中的人和人的关系，我们可以翻成英语的 brother 或 elder brother 或 cousin。但在词典中的定义却只能是《现代汉语词典》里中国人可能觉得滑稽的啰哩啰唆的定义："和自己同父母（或只同父或同母）的比自己大的男子。或同族同辈中比自己大的男子。"更不用提"表姐"、"伯母"那些更为啰唆的了。

新中国成立之后，政治制度、社会生活、人和人的关系等等发生了空前的变化，于是有大量新词涌现。有许多复合词是由两个很普通的词组成的。但是这复合词的意义却不是两个词的词义的总和所能代表的。比如

"赤脚医生"、"群众关系"。这些也属于文化局限词，非用汉语解释不可。在指称意义上要考虑到英语译文，例子是"打球"。在《现代汉语词典》中，"打"是个多义词。其中一个义项是"做某种游戏"，而"打球"是其中一个例子。其实"打"用于游戏还是很不自由的，范围有限。对外国人来说，把"打球"作为一个动宾结构的词条为宜，而定义又是得用汉语解释："进行足球以外的任何球类运动。"

2. 无论什么语言都有许多词是除了指称意义以外还有附加意义的，就是褒贬义、感情色彩和语体色彩。单从阅读求解而言，这些是不必要的，而当外国人要使用汉语时，这些又是必不可少的了，比如"死"的各种说法——"逝世"、"去世"、"长眠"等等都要注明其含义或语体色彩，否则外国人是要闹笑话的。"小朋友"是中国这礼仪之邦的成人对小孩儿的客气称呼，也是必须说明，而且英语并无确切对应词的。

3. 使用范围：有些词是没有使用范围特点的。有使用范围的是词条中的小部分，但却是使用率很高的一些。

汉语中连问别人年龄都有讲究。"几岁"仅限于成人问儿童，或儿童之间互问。"多大了"可问儿童，也可问青年。"多大年纪"则是问老年人的用语。所以当一个美国老太太面对着一个中国老太太很客气地问"你几岁"时，中国人一定会觉得可笑。西方人忌问年龄，这位美国太太是了解中国人无此忌讳，才敢提出的。她万没有想到"How old are you？"还是依年纪不同而翻成不同的问法。我们的词典能置之不理吗？考虑到英语对应词而必须指出使用范围的另一个例子是"爱情"："男女之间的爱。""打听"的意思是"问"，是"请别人告诉自己想知道的事"。而使用范围限于所问的只能是一些消息、事实，而不可能是被问人的意见、想法。另外，"打听"不能带双宾语，它唯一的宾语是所要求知道的事。"打听一个人"是要求知道关于这个人的事。至于被问的人，得和"向"或"跟"组成介宾结构放在前边。还有些词要指出运用时必须与某些词配合，比如"稍微"是副词，意思是数量不多或程度不深。而用这个词的关键在它所修饰的述语必须或前或后带一定的表示数量不多或程度轻微的词语，如"稍微一动就疼"、"稍微有点儿酸"、"稍微休息一会儿"。"稍微"实际上是修饰这些词语而不是修饰述语的。

"穿"和"戴"意思相同，而"穿"限于衣裤以及腰部以下的东西，"戴"则用于腰部以上的东西："穿袜子"、"戴手套"。

"光天化日"意思是大家看得很清楚的地方，但只限于不应在这种地方出现的东西居然出现，或本想隐藏起来的东西被暴露出来的情况。我们不能说"广告应该张贴在光天化日之下"。奇怪的是"热泪盈眶"只能是因感动或感激而哭，而不能是因痛苦悲伤而哭。

以上所举的例子，指称意义都是比较明确的，有些要指出附加含义，有些要指出使用范围。但是有些词语所代表的概念并不是很明确的。可能这些词语的关键部分在说汉语的人的头脑中特别突出，便把这印象当做指称意义了。比如"儿戏"在《现代汉语词典》中的定义是："像小孩子那么闹着玩儿，比喻对重要的工作或事情不负责，不认真。"如果这个定义由一个外国人来理解，他肯定把"儿戏"当做动词，而做出这样的句子来："这个人上班的时候儿戏，被开除了。"其实"儿戏"是个名词，指称意义很简单，就是"小孩儿的游戏"。只是这个词的关键是使用范围，它只能用于把正经事当做不相干的小孩儿的游戏那样不负责的场合，而永远不能用来指真实的游戏。在句子里总以名词面貌出现："视同儿戏"、"不能拿工作任务当儿戏"。

最后我认为给词下定义或说明附加含义以至指出使用范围，如果有可能，都最好能先通过同义词的比较。同义词也就是英语的 synonyms，其中很大一部分其实是近义词，意思是两个词多少有些区别。这区别也不外乎表现在这三方面。尽管我们并不是编同义词或近义词词典，但是通过一对近义词比较之后，每一个特点就十分突出。把这突出之处分别放在各个词之下，就能使这个词的意义或用法有了个性，非常鲜明。比如"常常"和"往往"，人们一般觉得意思差不多。从英语角度说都可以翻成 often。经过比较我们发现"常常"确实是指发生的次数多，两次之间间隔短，可以说明已成为事实的，也可以说明还未成为事实的："你有空儿可以常常来玩儿"，还可以有否定形式："他不常生病。""往往"意思是到目前为止，在某条件下，多数情况如何。只能是已成事实："星期日他往往不在家。"由于多数情况如此，也就是发生的次数多，所以所有的"往往"都可以用"常常"代替，但是很多"常常"不能用"往往"代替。未成事实的不行，否定形式不行。就是最简单的"他常常散步"也不能说成"他往往散步"，除非是"吃完晚饭他往往散步"。由于"往往"是说明多数情况如何，如果不是多数情况，也就谈不上用"往往"来说明。无所谓"不往往"。这样我们词典中的"常常"和"往往"就泾渭分明，不引起认识混乱的问题。又比如"亲自"和"亲身"非常相近，不好区分。经过比较发现"亲身"是形容词，可以做定语修饰名词："这些是他亲身的经历。"也可做状语"他亲身参加战斗"。"亲身"有第一手的意思，不通过别人，而是自己直接得到的或自己直接去做。"亲身"是副词，只能做状语，虽然也是不通过别人而是自己去做，但仅限于出于关心、重视而这样去做："某某将军亲自到前线督战。"

"代替"和"代用"大家一般觉得差不多。《现代汉语词典》中"代替"的定义是"以甲换乙，起乙的作用"，这是可以的。当然最好是利用加括号的办法：（以甲）换（乙，起乙的作用）。因为甲、乙起作用等等都并不在"代替"本身里，而是指出用这个词的使用范围。至于"代用"的定义："用性能相近或相同的东西代替原用的东西"，就要再斟酌。从定义看，是个动词，而且和"代替"相当。按照这个定义，我们可以说"用棉布代用呢子"，而这却不行。"代用"和"代替"即使意义上很接近，却是截然不同的。"代用"最常见的用法是做定语："代用品"、"代用材料"。由此得出的定义是"代替别的事物的"，看起来虽然很像动词，却不能像"代替"那样运用。尤其"性能相近或相同"这内容根本不在"代用"之内。"代用品"性能和原用品是否相近，真是天知道！性能相近只是我们的良好愿望！

在趋向补语的引申用法中，也会发现近义的问题。比如"上"和"下"、"写上名字"和"写下名字"，好像都是使名字附着于某处。但经过比较，发现"写上名字"是使名字落于某处，如"我买了一本书，写上了我的名字"。而"写下"的重点不在于名字在什么地方，而是要把名字留下来备用："请你写下你的姓名住址，我们以后通知你。""把风景画下来"、"照下这个难得的镜头"，都有为了保留的目的的含义。

　　"住"和"生活"对于一个中国人说来，似乎不会算做近义词。但英语都能译为 live，live 是个多义词，其中一个义项等于汉语的"住"，另两个义项是"生活"。而汉语的生活有时又相当于英语的 life。不过问题还不仅于此。"住"和"住在……"和"在……住"似乎还有些不同。"我住东屋，他住西屋"可以，"我住中国，他住美国"就不行，非得说"我住在中国，他住在美国"。为什么？如果我想说"我喜欢住平房，不喜欢住楼房"，大概不说"我喜欢住在平房，不喜欢住在楼房里"，更不会说"我喜欢在平房里住，不喜欢在楼房里住"，虽然后两种说法并不错。"我住三间屋子"更不能说成"我住在三间屋子里"或"我在三间屋子里住"。为什么？

（原载《世界汉语教学》1987 年预刊 1 期）

汉语词汇的统计研究与词典编纂

　　由于汉语本身的特点，词汇统计工作很少有人问津。北京语言学院及其前身从 1950 年起从事对外汉语教学工作至今，因工作需要曾经编写过不少对外汉语教材，也编纂了一部《简明汉英词典》。编教材、编词典时在词汇的选择上没有多少科学根据。或者是参考前人编的教材和词典，或者凭语感，凭经验。国内外历来都不曾搞过百万字以上语料的词汇统计工作。汉语教材的编者对现代汉语词汇的出现频率，哪些词是最常用的，哪些是次常用的，心里没底，完全根据经验，想当然行事。

　　三十年过去了，在对外汉语教学这门学科终于为人们所承认，又面临大发展的局势的今天，无论教材的编写，教学辅助材料的选编，以及词典的编纂都应进一步提高科学性与实用性。对现代汉语词汇作一次比较科学的、可靠的抽样统计，从中了解词汇的使用频率，确定最常用词、次常用词，是提高科学性与实用性的关键之一。国内外的对外汉语教学工作者和词典编纂工作者都迫切需要这一根据。和其他单位比较起来，北京语言学院还是最有条件做这项统计工作的，因而我们是责无旁贷的。

　　就是以服务于对外汉语教学为动机，我们决定知难而进，从事汉语词汇的统计。在世界已经进入电子计算机的时代，舍弃这项最准确最迅速的科学手段不用，而单纯依靠人工统计是愚蠢的。但是我们也不能否认，词汇统计的第一步工作，把语料划分为词汇单位，统计每一单位的出现频率，迄今为止还无法用电子计算机进行。所以我们决定与中国社会科学院语言研究所及邮电部数据通信技术研究所协作，用人工与电子计算机相结合的方法来进行统计工作。

　　在酝酿过程中，我们意识到这将是一项投入大量人力、旷日持久的项目。如果成果只限于词频的数据，即一张常用词表，所得效益很不合算。

应该扩大成果，尽量利用计算机产生各种数据，向语言学界、辞书学界在从事其他研究项目时提供必要的可靠资料，这才是上策。我们与协作单位在这方面都取得了一致的认识。

词汇统计工作首先必须选择有代表性的语料。在质的方面，要求符合对外汉语教学的需要，也就是符合一般成人学习汉语的要求，而不偏重于哪一种专业。在量的方面，则要求既可靠，又经济。我们参考了国外这类工作的经验，又征询了专家们的意见，决定选择约 200 万字，包括报刊政论、科普书刊、日常口语、文学作品四大类的现代汉语语料。后来覆盖率的检验证明这一选择还是令人满意的。

其次就是词汇单位的划分。汉语词的划分问题至今并未彻底解决。我们的水平有限，划分起来难免出错。但是不能因噎废食。我们从对外汉语教学角度出发，参考目前语法学界大多数人的看法，定出划分原则。划出的单位可以是词，也可以大于词或小于词，目的是便于外国人学习、记忆、运用。我们组织了几十位有经验的汉语教师，根据这些原则将上述语料划分成词汇单位，用人工计算每个单位出现的频率。这一步所以用人工而不用计算机，是因为汉语有许多复杂情况，计算机无法解决。比如汉语的同音同形词太多，如"白颜色"的"白"和"白吃白喝"的"白"；"一把椅子"的"把"和"把关"的"把"、"把那件事给忘了"的"把"，都无法使用计算机区别而分别统计。再如一些格式，"越……越……"、"既……又……"更无法使用机器抽出统计，而这些格式是以合成一个单位为宜的。这些统计至少经过两次核对，误差比较小，尤其高频词是比较准确的。

为了前面所说的使我们的统计数据能供更多的语文工作者与词典编纂工作者使用，我们有意识地使 200 万字语料包括了十年制中小学语文课本，共 52 万字、37 万多词次，并对之单独进行了统计。

这些第一步的统计工作完成以后，就全部输入电子计算机，进行进一步的计算。现在全部计算工作已经完成。取得的成绩已经由北京语言学院出版社出版的有反映中小学语文课本词频统计与分析成果的《汉语词汇的统计与分析》，其中包括各种频率词表、高频词汉字组词能力分析等七项数据分析，和一本普及型工具书《常用字和常用词》。即将出版的是一本大型工具书《现代汉语频率词典》，该书反映了 200 万字综合语料研究成果，包括各种频率词表，按使用度排列的常用词表，以及汉字构词能力的统计分析、汉语词汇的词长分析等九个表格。此外，上述两项统计全部词条及相关数据都以文件形式输入计算机软磁盘上，供大家进一步开发使用。还建立了一整套用于统计、排序、字、词使用度计算、输出等多功能的软件系统。

这项艰巨的统计工作，经过近六年的辛勤劳动，终于在 1985 年初完成，并于当年 7 月 10 日通过了国家教育委员会科技司主持的鉴定。与会专家们认为这项统计与分析的研究已达到国内外先进水平，为语文教学、语言研究、中文信息处理、机器翻译等多门学科提供了重要的基础资料，对今后的词汇统计学研究和词典编纂有重要的参考价值。本项目在国内首先使用了"使用度"这一概念，在学术上有所创新。

专家们的评定对我们是很大的鼓励。我们也以能为汉语词汇统计做了一些开创性的工作而高兴。欢迎大家对我们的资料加以利用，产生更高水平的成果。就词典编纂工作来说，利用这些资料，显然可以大大减少选词时的主观随意性与盲目性，提高科学性与实用性。

（原载《辞书研究》1986 年第 4 期）

有关汉外语法对比的三个问题 *

随着对外汉语教学这门学科的发展，以及中国人学外语的日益增多，尤其是对外汉语教学的实际需要，汉语和外语的对比研究开始引起人们的重视。这里所说的对比即英语的 contrastive analysis。这是一种共时研究法，只研究有关语言的现代形式，目的在于寻求可用于语言教学、翻译等实际问题的原理。我们作对比研究的目的就在于提高教学的预见性，从而解决学生母语的干扰问题。

吕叔湘先生在《通过对比研究语法》一文中说："我们教外国学生，如果懂得他的母语（或者他熟悉的媒介语），在教他汉语的时候，就能了解他的需要，提高教学的效率。"任何人学外语最自然、最容易做的事就是把自己母语的习惯套在外语上，有时套对了，有时就套错了。那些母语和外语不同的地方就一定要套错。所以吕先生在同一篇文章中说："英语的语法跟汉语的语法比较，有很多地方不一样。当然，相同的地方也不少，不过那些地方不用特别注意，因为不会出问题，要注意的是不同的地方。"现在我只就汉语与外语在语法对比研究方面的几个问题谈谈自己的看法。

我们知道汉语语法的系统的研究，比起印欧语言的语法研究来，起步要晚得多。而且是在中国学者学习了西方语法之后受到启发而发展起来的。从马建忠写《马氏文通》（1898）起，至今不过近百年。黎锦熙先生的《国语文法》成书于本世纪二十年代。之后影响最大的要算四十年代王力先生的《现代汉语语法》和吕叔湘先生的《中国文法要略》。解放后，汉语语法研究更是有了长足的发展。由于汉语语法研究是受到西方语法的启发而发展起来的，同时尽管汉语和印欧任何语言并不相近，但是因为人类的思维

---

*　本文是在第一届国际汉语教学讨论会（1985 年 8 月，北京）上宣读的论文。

有许多相通之外，所以任何两种语言的语法必有相似的地方，在开始研究汉语语法时很难不受西方语法的影响。不过语法学者们都知道语法并不是人为地造出来的，而是自然地存在于语言之中的。研究语法也就是去发现语言中固有的规律。这些规律并不以人们的意志为转移，是怎样就是怎样。两种语言的语法什么地方不同，什么地方近似是客观事实，不是像某些人说的，可以使两种语言的语法体系"一致起来"的①。尽管认识是如此，在论述汉语语法时照搬西方语法或比附西方语法的做法并不是一下子就能摆脱干净的。也就是说，总有些地方并没有真正揭示出汉语语法的本来面目，而是为一些表面相近的现象所迷惑，把西方语法的某些东西强加于汉语。汉语语法近几十年的发展史就是逐步发现汉语中固有的规律，逐步挣脱完全按照西方语法框子硬套的历史。直到今天我们还不敢说汉语语法的规律已经都发现出来了。但是较之几十年前总是有了不少的进步。

在所有西方语言中英语对中国语法的影响最大，中国人学过英语的也最多。近几年也有人写过几本汉英语法对比的著作，做了汉外语法对比的开拓工作，是值得欢迎的。有的作者也吸收了近年汉语语法的新成就，指出与英语不同之处。但是也还有不少前面提到过的照搬英语语法的地方。我现在想以英语为例来谈谈自己的认识。错误必然难免，希望引起争论，使真理愈辩愈明。

从一些比较汉英语法的著作以及教外国学生汉语的过程中，我发现在比较两种语言的语法时，有几个问题值得注意。

一、在议论语法问题时，首先一定要分清语法概念和一般的思维概念。不论对具体事物还是抽象事物，也不论说什么语言，各个民族、各个国家的人都有思维概念。虽然这些概念在说不同语言的民族之间不尽相同，但却也有很多相同之处。由于这些相同之处才使语言之间的翻译成为可能。这些思维概念有许多在一种语言中是用词汇手段表现出来的，在另一种语言中也是用词汇手段表现的。很多具体事物的名称都属此类。但是wrote 这个词，不要上下文，什么都不要，只看这个词本身就知道它的意思是"写"，而且它的语法意思是"过去时"。这过去时的概念是通过改变字母 i 为 o 来体现的。再来看汉语的"写"本身就无法说明是现在还是过去。

"我昨天在家写信，一天没出门。"这句话是通过词汇手段"昨天"来说明"写"发生在过去。这句话如译成英语，尽管也有"昨天"字样，"写"也必须译成 wrote 或其他更恰当的时态，而不能译成 write。"他天天都写好多信"没有上下文，不知道语言环境，这句话的时间就很难说。译成英语既可译成现在时也可译成过去时。所以汉语的"写"没有语法概念的"时"。人们对于时间的思维上的概念和语法中的"时"的概念有密切关系，但究竟是两码事。现在我们就以时间作例来说明思维中的概念和语法中概念的关系。我们先看看英语语法专家是怎样论述英语动词中的"时（tense）"这一范畴的。

翻开 R.Quirk 等撰著的 *A Grammar of Contemporary English* 第 84 页，看看在 "Time，tense and aspect" 这一节是怎样讲的。书上说 time（时间）是人类共有的概念，分为过去、现在、将来三段。所谓共有的意思是超出语言的意思（extra-linguistic）。它们不依赖任何语言的语法而存在。只是在运用语言时我们利用语言特有的（language-specific）"时（tense）"的范畴去表述这些时间的概念。由此可见"时间"是人类思维范畴，而"时"才是语法范畴。更值得注意的是这本书认为英语有两个"时（tenses）"：present tense（现在时）和 past tense（过去时）。注意，两个而不是三个！因为从动词本身的词形变化可以看出的，只有现在时和过去时。至于将来的时间，Quirk 的标题是：Some means of expressing future time。下面他说英语没有和现在时、过去时相当的明显的将来时（future tense）。只有几种表示将来时间（future time）的方法。一种是用情态动词 shall 或 will 加上动词的不定式（infinitive），另一种是 be going to 加上不定式，还有用现在进行态，简单现在时以及其他几种表示方法。至于 aspect（"态"或"体"）则是和动词有关的另一语法范畴，而英语有两种"态"：完成态（perfective aspect）和进行态（progressive aspect）。"时"和"态"总是结合在一起的，于是就形成下列几种时态结合：present perfect（现在完成）、past perfect（过去完成）、present progressive（现在进行）、past progressive（过去进行）、present perfect progressive（现在完成进行）、past perfect progressive（过去完成进行）。

Aspect 是语法范畴，因为不论是完成态或进行态都是用语法手段来表现的。完成态必有 past participle（过去分词），如 written（写），而进行态必有 present participle（现在分词），如 writing。

现在我们拿这种标准来考察一下汉语的动词。根据目前大多数语法学家的意见，汉语动词有态的语法范畴，而且有三种态：完成态、持续态、经历态，分别由"了"、"着"、"过"来表示，比如：

1. 我们昨天买了东西才去吃晚饭的。
2. 我们想买了东西再去吃晚饭。
3. 我记得上次他发病那天正下着大雪。
4. 这会儿正下着大雪，别出去了。
5. 我从来没见过这个人。
6. 那天是我第一次见他，以前从来没见过他。

"了"、"着"、"过"确实是语法手段，因为这三个助词在动词后只表示完成、持续、经历而不表示任何一般实词所各自表示的事物概念。但是这三个助词和时间无关，既不表示过去，也不表示将来。例1的过去时间是由"昨天"说明的。例2从整个句子看是将来的完成态，但是从语法手段看，和例1毫无区别，都是"买了东西"。例3的"下着大雪"是过去某一时间的持续，例4的"下着大雪"是现在的持续。例5的"没见过"是说现在以前都没见过，而例6的"没见过"是过去某一天以前没见过。这六句话如果译成英语，1、2的"买东西"的时态不会相同，3、4的"下雪"的时态不会相同，5、6的"见"的时态也不会相同。英语必须区分过去、现在以至将来，但是汉语从语法上说没有过去、现在、将来，因之也就没有像英语那样的现在完成态、过去完成态、现在进行态、过去进行态。

在一本汉英比较语法中把汉语动词完全按照英语动词那样分成现在完成体、过去完成体等等，这只会造成麻烦。如果说"修建大楼的任务今天完成了"是现在完成体[②]，那么"修建大楼的任务上个月完成了"就成了过去完成体。过去和现在完全靠词汇手段来表示，已经和语法手段无关了。尤其要引起麻烦的是同一本书里所谓的最典型的过去完成体句式，"小梅是1949年加入的党"[③]。在144页上说副词"刚刚"是现在完成体的表达手段，那么如果说"小梅是今天刚刚入的党"那到底是现在完成体还是过去完成体呢？这种"的"有一点可以确定，就是用这种"的"的句子所表示的动作必然是已经完成的。不过一定要归之于过去完成就会作茧自缚。这种"的"如何解释还是个有争议的问题。它不同于"了"。用这种"的"的动词所表示的动作固然必须是完成的，但是这种句子所给的主要信息不在完成，而在这动作是什么人做的，或什么时候做的，或怎么做的，诸如此类。这种句子肯定式都可以加上"是"或省去"是"，而否定形式则非用"不是"表示不可，不像"了"的否定形式是"没有"。

　　英语之所以有那么多时体结合的形式，是因为英语确实有那么多必须随着句子时间的变化而变化的语法形式："I have just had my dinner."（我刚吃了饭。）"I had just had my dinner when he suddenly turned up."（我刚吃了饭他忽然来了。）英语一个是 have had，一个是 had had，不能互换，而汉语只有一个"吃了饭"，我们怎么能说汉语有现在完成体和过去完成体呢？不论英语的什么时态可以表达的思想，说汉语的人也会有的，也可以用汉语表达出来，但不一定用语法的手段。

　　我们可以再举一个形容词的例子。英语语法在讲形容词章节中必然要讲"比较"（comparison）。这是因为"比较"牵涉到英语形容词的词形变化。在比较时，英语形容词要用特别的形式：比较级 comparative degree 和最高级 superlative degree，分别以词尾 -er 和 -est 或在形容词前加 more 和 most 表示。

　　不论什么语言都有许多形容词是可以分等级的，也就是说，说话人按自己的意见评论事物的性质，认为某事物还可以，或比较好，或相当好，或很好，或非常好，或好极了等等。从英语角度说，可以是 not bad, good, pretty good, very good, rather good, extremely good, surprisingly good 等。不论汉语英语，这些都是思维概念，用词汇手段表示的。这些不同于上面所说的英语中的比较级和最高级，那是语法概念。

　　至于在两个事物之间进行某方面的比较，这又是说任何语言的人都会有的想法。说汉语的人可以说：

　　1. 这本书比那本好。

2. 这三本书中以这本为最好。

3. 他跑得比我快。

4. 我们当中他跑得最快。

这些也不牵涉什么语法手段问题。如翻成英语就不同了，第一句的"好"得用 better 而不是 good，第二句得用 best，第三句得用 faster（而且是副词）而不是 fast，第四句得用 fastest。在比较中必须有词形变化，这就是讲英语形容词必须讲比较的原因。汉语在比较时不用什么语法手段，汉语的形容词没有比较级最高级的语法范畴。我们也就没有什么理由把汉语的形容词分为三个等级，如：

原　级：好

比较级：比较好

最高级：最好④

这样做既不符合汉语的语言事实，又容易引起误解，以为和英语的 comparative degree 和 superlative degree 相当。以至使说英语的人说出这样错误的汉语句子："这本书比那本比较好。"讲汉语语法，讲形容词时就没有必要讲比较。汉语的比较是通过介宾结构"……比……"来表示的，应该在讲介词的时候讲。

以上两个动词和形容词的例子都说明有些语法范畴英语有而汉语没有，却常被人误解为汉语也有。但有些语法范畴英语汉语都有，只因表现的方式不同，却被人误解为汉语没有。例如英语的名词分专有名词和普通名词两类，而普通名词中又分个体名词、集体名词、物质名词、抽象名词四类。个体名词和集体名词属可数名词，而物质名词和抽象名词属不可数名词。汉语的名词大体上也可以分这些类，尤其是汉语的名词也有可数与不可数之分。并不是像有些人说的："汉语名词没有可数不可数的问题，因为任何名词都可以直接和数量词结合，表现为可数的。"⑤英语的名词有"数"这一语法范畴。可数名词都有单数复数之分，不可数名词则没有复数。汉语的名词固然除了指人的名词有时用"们"表示复数外，没有"数"这一语法范畴，无法以"数"来区分可数与不可数。但是汉语的名词可数与不可数却是以量词来区分的。我们不能认为所有名词都能和数量词结合，所以就没有区别。要知道汉语的量词是分为若干类的。可数名词与不可数名词是和不同类的量词相结合的。汉语可数名词所能结合的量词是个体量词。这类量词是英语所没有的。译成英语时，量词就不见了，如："一个人"、"两本书"、"三所房子"、"四顶帽子"、"五盏灯"、"六棵树"、"七匹马"。每个名词有它独特的量词。但是不可数名词所能结合的量词或者是度量词或者是临时量词，是英语也有的，不过在英语是名词罢了。如："一米绸子"、"两公斤面粉"、"三吨煤"、"四杯牛奶"、"五桶水"、"六瓶酒"、"几把沙子"。译成英语时，这些量词是可以而且必须翻译出来的。这些名词在英语和汉语一样，没有量词不能和数词直接结合，不像可数名词。当然，有些在汉语是可数名词而在英语是不可数的，或者正相反的情况。同一名词有时是可数的，有时是不可数的，汉语英语都有。但这些并不妨碍汉语的名词可以分可数与不可数，而且大体上与英语吻合。汉语也有抽象名词，特点是一般不和数量词结合。汉语的抽象名词也大体上和英语的吻合。

二、在比较两种语言的语法时还要注意，同一语法术语在两种语言中所代表的内容不会完全相同。人类的思维既然有相通之处，而语法和思维与逻辑有密切关系，所以不同语言的语法都或多或少有相似的地方。例如差不多的语法都有名词、动词、形容词这类概念。尽管这一语言的名词的特点和那一语言的名词的特点不完全相同，却不妨都叫名词。另外还有许多语法术语，凡相仿佛的，都不妨用相同的。这对学外语有利。但是无可讳言，也由于不同的内容用了相同的术语，人们便常常忘了它们不同的地方因而成为学外语的障碍。对比两种语法时最重要的就是指出两种语言用同一术语，其中不同的地方。现在以上面谈过的动词的态（aspect）作例来说明这个问题。

我们说汉语的动词有三种态：完成、持续、经历，分别以"了"、"着"、"过"表示。"完成"和"持续"是英语也有的，如果我们认为持续相当于 progressive，那么是否汉语的完成和持续完全和英语的完成和持续相吻合呢？事实远非如此。我们先看看英语的 present perfect。Quirk 认为

present perfect 表示从现在到过去某个时间的这一段时间，例如：

1. John has lived in Paris for ten years.

2. I haven't seen him since Monday.

另外，present perfect 还表示现在以前的一个不固定的时间，例如：

3. Have you ever seen this man before ?

4. I have seen him before.

例 1、2 倒和汉语的完成态相当："约翰已经在巴黎住了十年。""我从星期一起就没看见他。"但是例 3、4 却和汉语的"经历态"相当："你以前看见过这个人吗？""我以前看见过他。"至于英语的 past perfect 是表示过去的过去的：

5. John had lived in Paris for ten years when I met him.

6. I had my lunch after I had finished my work.

这也和汉语的完成态相当："我认识约翰的时候他已经在巴黎住了十年了。""我做完了工作才吃午饭。"汉语的完成态就表示完成而不牵涉过去现在。当然，也有些情况的 past perfect 相当于汉语的经历态：

7. He asked me whether I had seen this man before.

"他问我以前是否见过这个人。"所以汉语的完成态并不和英语的完成态对等，尤其是当汉语把完成态用在将来的时候，英语却可以用现在时："咱们看了电影再回家吧。""Let's go home after we see the film."

汉语表示进行态的语法手段，最接近于英语的 progressive 的，我认为是语气助词"呢"。"正"、"正在"、"在"、"着"、"呢"似乎都和进行态有关，值得我们深入研究，这里不谈。不过无可讳言，"着"有时是可以和 progressive 吻合的，比如："我一开门，看见他在床上躺着。"或者"火上炖着一锅肉。"但是"桌上摆着好几盆花。"和"屋门大开着，窗户却全关着。"译成英语却不能用 progressive。

此外，尤其重要的是，英语的时态是句中的动词非有不可的，是过去的时间就必须用过去时，是进行态就必须用现在分词，否则就是错的。而汉语的"了"固然是完成体，可是完成的动作不一定非用"了"不可。"我刚吃了饭"、"我刚吃完饭"和"我刚吃完了饭"都一样。"咱们吃了饭再去"和"咱们吃饭以后再去"也没有区别，在这最后一种语言环境中"吃饭"就可以是完成体。同样，"着"固然表示持续，但持续的动作并不一定非用"着"表示。"我去他们学校，正赶上他们开会。"这里"开会"就是持续体，也相当于英语的 progressive aspect。这里如果说"开着会"反不如没有"着"自然。再比如当我们在欣赏一个歌唱家演唱的时候，如用英语赞美他，我们可以说："He is singing very well."但是若用汉语，我们只能说："他唱得真好。"而无法用上"着"。更有甚者，"每个船上点了一个小灯笼"和"每个船上点着一个小灯笼"⑥竟是完全一样的！"们"是指人的名词的复数标志，但是除了在代名词之后是非用不可的以外，往往是可有可无的，甚至是不能有的，不同于英语复数的 -s，只要是复数就非加不可。汉语中有许多语法手段都是如此。说英语的学生最常犯的错误是把所有表示过去时间的动词一概加"了"。他们一则错在把表示完成的"了"当做表示"过去"，二则以为和英语过去时一样，只要是过去就必须用"了"。而汉语有许多地方，不论完成还是过去，用"了"是错误的。"了"至今还是一个没有解决的问题。

三、在比较两种语言的语法时必须注意的第三点是同类词在不同语言的句子中功能不完全相同。前面已经说过，同一语法术语在两种语言中所包括的内容并不完全相同，这种不同也表现在词在句中的功能上。汉语名词、动词、形容词在句中的功能和英语的同类词在句中的功能也不完成相同。汉语语法受英语语法的影响很深，所以至今还有人把英语某一类词在句中的功能和汉语同类词的功能等同起来，认为英语某类词所不具备的功能，汉语的这类词也不能有。我们再以动词为例，英语动词的任何限定形式（finite forms）是不能做句中主语、宾语或定语的。只有动词的非限定形式（non-finite forms）才具备这些功能。其中的动名词（gerund）和不定式（infinitive）可做主语、宾语；分词（participle）可做定语等等。于是现在还有人在谈汉语动词的非谓语形式，认为非谓语形式有两种：动名词和散动式。所谓散动式也包括动宾结构以至主谓结构。动名词可做句中主语、宾语，而散动式则可做定语、状语等。⑦这种说法完全是从英语语法搬过来的。所谓非谓语形式就相当于 non-finite forms。不过英语的非限定形式有三种，而汉语的非谓语形式有两种而已。书中又说动名词和散动式的时体和语态同谓语动词一样。既是一样又何以见得是非谓语形式呢？英语动词在做谓语时和它做句中其他成分时形式确实是不同，所以才要区别。汉语动词以及动宾结构、主谓结构在做谓语时和做句中其他成分时在形式上毫无区别，为什么要分为两种？为什么不能还汉语的本来面目：动词、动宾结构除了做谓语外还可以做主语、宾语、定语以至状语，主谓结构也可做谓语、主语、宾语等。何必要给同一类型的东西另立名目呢？只因为英语做谓语的动词、动宾不能做句中其他成分吗？

　　另一个例子是形容词。英语的形容词在做修饰语时，只能修饰名词，不能修饰动词，凡修饰动词的都是副词，-ly 是副词的一个标志。英语的副词是个开放类，和形容词一样。而汉语的形容词除了能修饰名词以外，还可以修饰动词。汉语的副词是个封闭类，和形容词不一样。这是汉语的规律，不同于英语的地方。但是也有的人总是把汉语中做状语的形容词归于副词。说英语的外国人也往往是这样想的。

　　另外，由于 -ly 是英语副词的标志，影响到汉语的语法，有人就认为"地"是汉语副词的标志，认为虽然很多副词都不带"地"，但是只要带"地"就一定是副词，没有例外⑧。我们知道，"的"、"地"、"得"三个助词都读 de 轻声。有很多人根本不加区分，一律写做"的"。从口头上说"充分地发表意见"和"有充分的理由"，两个"充分 de"毫无区别。现在在书面上把"地"和"的"分别开来完全是人为的。如果说"地"是副词的标志，那么"的"该是形容词的标志，有些词在句中有时带"的"有时不带，有时带"地"有时不带，那一个形容词就要变成两个形容词、两个副词，何等烦琐！而且请看下列句子：

　　他们都毫无例外地举手赞成。

　　请你们一个一个地进去。

"毫无例外地"和"一个一个地"难道都是副词吗？其实"地"并不是副词的标志，而是状语的标志，而"的"是定语的标志，虽然状语不一定非有"地"，定语不一定非有"的"。只有形容词或某些词组进入句子做定语或状语，又要用书面形式表达时，才有用"地"或"的"的问题。

从上面三点看来，在比较汉英两种语法时最容易发生的错误，在于有意无意地想"削"汉语语法之"足"以"适"英语语法之"履"。若想根本解决问题，还在于深入细致地研究汉语语法，把其中的一切规律挖掘出来，让事实说话。这就是我们大家要努力的地方。

附注：

① 张今、陈云清，《英汉比较语法纲要》，第 15 页。

② 任学良，《汉英比较语法》，第 144 页。

③《英汉比较语法纲要》，第 150 页。

④《汉英比较语法》，第 191 页。

⑤《汉英比较语法》，第 41 页。

⑥《吕叔湘语文论集》，第 22 页引的例句。

⑦《英汉比较语法纲要》，第 330 页。

⑧《英汉比较语法》，第 218 页。

（原载《语言教学与研究》1986 年第 1 期）

英语和汉语的被动句 *

一　英语的被动句

英语被动句出现的频率虽然远不及主动句，但用英语写文章而不用被动句几乎是寸步难行。成段文章没有被动句是不可想象的。根据粗略统计，在奥斯汀的小说《傲慢与偏见》开头 30 页中竟有 135 个被动句。在莫恩姆的《人性的枷锁》前 40 页中有 115 个被动句。两本小说的 70 页平均下来，大约每页 3—4 句。在中国现代作家中，老舍用"被"字句是用得比较多的。他的《骆驼祥子》共 211 页（人民文学出版社，1957），其中"被"字句近 100 句，平均 2—3 页 1 句，刘心武的《班主任》共 29 页，"被"字句共 7 句，差不多 4 页 1 句。这些都不是很准确的统计，但是，英语被动句的使用频率大大超过汉语"被"字句使用的频率是肯定无疑的。

英语的主动句和被动句是对同一件事的两种看法，并不牵涉说话人或当事人对整个事件的评价或受事是否遭受不幸。事实上，英语被动句因为可以避免指出施事，是可以用来表示比较客观的态度的。但即使是英语，也不是所有的主动句都可以变为被动句的，现在让我们看看 R.Quirk，S.Greenbaum，G.Leech，J.Svart vik 所著《当代英语语法》（以下简称《语法》）是如何论述英语被动句所受的限制的：

（一）动词方面的限制

除了不及物动词和系词不能有被动式外，还有相当一部分及物动词是

---

* 本文所谓"被"字句包括用表示被动的"叫、让、教"等构成的句子。1957 年我曾写过一本小册子:《"把"字句和"被字句"》。现在这篇文章可以算是那本小册子的"被"字句部分的补充。不过这一篇主要是写给通过英语学汉语的外国人看的。本文中部分例句的英译文都不是我翻译的，是引自现成的译文。

不能用于被动式的，例如：

1. They *have* a nice house.

2. He *lacks* confidence.

3. The auditorium *holds* 5000 people.

4. This dress *becomes* her.

5. The coat does not *fit* you.

6. Will this *suit* you?

7. John *resembles* his father.

另一方面，有一些动词在一定情况下又只有被动式：

8. John *was* $\begin{cases} said \\ reputed \end{cases}$ to be a good teacher.

带介词的动词表示具体行动时，往往不能变为被动式，而当其表示引申意思时可以变为被动式：

9. The engineer *went* very carefully into $\begin{cases} \text{the problem.} \\ \text{the tunnel.} \end{cases}$

The problem
*The tunnel $\Big\}$ was very carefully gone into by the engineer.

10. They *arrived* at $\begin{cases} \text{the expected result.} \\ \text{the splendid stadium.} \end{cases}$

The expected result
* The splendid stadium $\Big\}$ was arrived at.

（二）宾语方面的限制

及物动词的宾语可分为名词性的和从句性的两种：

A. 名词性的宾语：及物动词如带名词性的宾语，一般是可以变为被动式的，但以下三种除外：

a. 反身代词：

11. John could see $\begin{cases} paul \\ himself \end{cases}$ in the mirror.

Paul
* Himself } could be seen in the mirror by John.

b. 相互代词：

12. We could hardly see *each other* in the fog.

    * Each other could hardly be seen in the fog.

c. 物主代词（代词所修饰的宾语是主语的身体的一部分）：

13. Mother washed { their linens.
               her hands.

Their linens
* Her hands } were washed by mother.

B. 从句性的宾语：只有由限定动词构成的从句做宾语的句子才能有被动形式。以动词的不定式或分词构成的从句做宾语，一般不能变为被动句：

14. We expect that you will be on time.

    That you will be on time is expected（by us）.

15. We hope to see you.

    * To see you is hoped by us.

16. We enjoyed watching the match.

    * Watching the match was enjoyed by us.

（三）施事方面的限制

英语中被动句的施事短语往往省略。有时因语言环境明显，施事不必说出：

17. Jack fought Michael and Jack was beaten.

by Michael 成为完全不必要的。有时根本不知道施事是什么：

18. Order had been restored without bloodshed.

这种句子是很难变为主动句的。

（四）意义方面的限制

句中有助动词时，主动句变为被动句，意思有时跟着改变：

19. John cannot do it.
20. It cannot be done by John.

例 19 中的 cannot 指人的能力，是说 John 没有做某事的能力。例 20 中的 cannot 是不可能的意思，是说某事不可能是 John 做的。即使助动词在主动句和被动句中都保持同一个意思，句子的意思仍然可以改变：

21. John can't be taught.（John 没有能力学）
22. He can't teach John.（他没有能力教 John）

（五）频率方面的限制

因语体不同，被动句出现的频率很不一样，大体说来，使用不使用被动句并不由话题决定，也不是书面语和口语的区别，而是文体的区别。文学性文体中被动句少，而知识性的、理论性的科学论述或新闻报道中的被动句多。

英语的被动句从形式上看都一样，但实际上有几种不同的被动句：

23. This violin was made by my father.

24. This conclusion is hardly justified by the results.

25. Coal has been replaced by oil.

26. This difficulty can be avoided in several ways.

27. We were encouraged to go on with the project.

28. John was interested in linguistics.

29. The modern world becomes more highly industrialized and mechanized.

上面七个被动句可分为三类：

第一，有施事的被动句。

例 23、24 能最直截了当地转变为主动句：

23$_a$. My father made this violin.

24$_a$. The results hardly justify this conclusion.

例 25 转变为主动句可以有两种形式：

25$_a$. Oil has replaced coal.

25$_b$. (People in many countries)have replaced coal by oil.

25$_a$ 就和 24$_a$ 一样。25$_b$ 中 by oil 却被转变为工具格，这里 by 和 with 同义。这样就得加上个施事主语。

例 26 是最常见的被动句，施事没有明确表示出来。

第二，准被动句。

例 27、28 中的动词是一种动词性和形容词性的混合体。说它们是动词性的，是因为它们都可以转变为主动句：

27$_a$. (The results) encouraged us to go on with the project.

28$_a$. Linguistics interested John.

说它们是形容词性的，是因为一则分词和形容词是一致的，二则它们可以带上形容词的状语，如 quite、rather 等，三则其中的 be 可以换成其他的相当于系词的动词：

27$_b$. We feel rather encouraged.

28$_b$. John seemed very interested in and keen on linguistics.

在这种过去分词用做形容词的时候，就很难用 by 引出施事。

就像例 25 一样，例 28 中带介词的动词可以有两种分析。我们可以说例 28 有施事，这就意味着我们认为 in 是引进施事的介词。事实上有好几个这样的介词，如 about, at, over, to , with：

30. I was surprised at her behaviour.

30$_a$. Her behaviour surprised me.

第三，无施事的被动句。

例 29 是无法转变为主动句的，也无法补上施事，这些过去分词有形容词的作用。除了这类表示结果的，以 -ize 结尾的一些动词外，还包括表示存在的结构：

31. The house is already sold.

和 31 相对应的主动句不是 31a 而是 31b：

31$_a$. (The agent) already sells the house.
31$_b$. (The agent) has already sold the house.

这里从被动句转变为主动句时，影响到时态的改变，由现在时变为现在完成时。例 29、31 同例 23—28 那些被动句不一样，不过从形式上看还符合被动句的要求，我们就称之为无施事的被动句。

我们现在不妨来看看《语法》总结出的代表各种英语被动句的 23—29 以至 31 各例句如译成汉语究竟如何：

23. 这把小提琴是我父亲做的。
24. 结果很难证明这个结论是正确的。
25. 煤已经由石油所代替。
26. 这个困难可以通过好几种办法来避免。
27.（已取得的成绩）鼓励我们把计划进行下去。
28. 约翰对语言学感兴趣。
29. 现今世界变得更加高度工业化机械化了。
31. 房子已经卖掉了。

这里面一个"被"字句都没有。当然，上面的译文不一定是唯一的译法。但是至少 23、28、29 各例可以说是不可能用"被"字句来翻译的。例 31 如想用"被"，则最好补出施事："房子已经被他卖掉了。"事实上无论从英译汉还是汉译英的具体译文中都看不到整齐的对译情况。我把《骆驼祥子》的英译本（译者：Evan King，1945，纽约）和原著对照看了一下，在前面说的近百个"被"字句中只有 20 个左右在英译本中是被动句。奥斯汀的另一本小说 Emma 第一章中开始的 20 个被动句在汉译本（译者：刘重德，

1982）中，也都不是"被"字句。

从前面《语法》对被动句的分析，以及英汉对译的具体情况来看，英语的被动句和汉语的"被"字句并不是对等的。说汉语的人对"被"字句的想法和说英语的人对被动句的想法相吻合之处不多。尤其《语法》称之为"准被动句"的，有英语中往往也只是徒具被动形式，而这种动词是大量的，具有习惯用语性质，例如：be allowed for，be borne in mind，be inclined，be concerned with，be exposed to，be determined to，be obliged 等。这些都不能作为被动式来考虑汉语译文。它们彼此之间也无共同之处，只能一个一个地想译文。

既然如此，我就没有能力作一番英语和汉语的被动句的对比。我现在只能把汉语中那些可能译成英语被动句的句式分析一下，尽量说出各自的特点，供通过英语学汉语的人参考。

二　汉语中可能译成英语被动句的句式

（一）无主语句

《语法》认为英语被动句比较 impersonal。我理解就是比较客观，不带个人感情色彩。这大概就是宜于在理论性文体中应用的原因。我想并不是所有的英语被动句都是这样的。但至少有一部分是这样。从汉语角度来说，这种比较客观的态度，是常常以无主句的形式来表示的。因而汉语的理论性文体中常出现无主语句。而这种句子在译成英语时，往往可以译为被动句。下面三个汉语句子及其英译文是从毛泽东同志的《中国共产党在民族战争中的地位》及其译文中摘下来的：

32. 坚持民族统一战线才能克服困难、战胜敌人，建设新中国，……

    It is only by firmly maintaining the national united front that the difficulties can be overcome，the enemy defeated and a new China built，...

33. 如果被人抹杀或自己抛弃这种相对的自由权，那就也会破坏团结对敌的总方针。

Also, the general policy of unity against the enemy would be undermined if this relative freedom were denied or voluntarily abandoned.

34. 为此缘故，必须在党内施行有关民主生活的教育，使党员懂得什么是民主生活，什么是民主制和集中制的关系，并如何实行民主集中制。

For these reasons, education in democracy must carried on within the Party so that members can be understand the meaning of democratic life, the meaning of the relationship between democracy and centralism, and the way in which democratic centralism should be put into practice.

以下是从赵紫阳同志的《关于第六个五年计划的报告》中摘出的几个无主语句及其译文：

35. 加强公路建设，改善农村条件。同时，大力加强邮电通信建设。

More roads will be built so as to improve the rural transport conditions. In the meantime, efforts will be made to increase the post and telecommunications facilities.

36. 逐步建立和健全优良种子和繁育推广体系。

A network for breeding and popularizing improved seeds should be set up and improved step by step.

37. 禁止在少数民族地区的牧区开荒。

Land reclamation on the pastureland of the minority nationality areas is forbidden.

38. 1985 年招收研究生二万人。

In 1985, a total of 20,000 postgraduate students is to be admitted.

39. 要调整高等院校的专业设置，改进教学方法。

Specialities in colleges and universities will be readjusted and teaching methods improved.

当然这并不意味着这种无主语句必须译成被动句，而且事实上，同一篇文章中有不少无主语句是加上主语而译成主动句的。我只是要说明汉语的这种理论文体中的无主语句从风格上、语气上是和英语的被动句相当的。

很有趣的是在 G.Leech 和 J.Svartvik 所著的《交际语法》中提到严肃正式的英语有一种客观的风格，而这种风格特点之一就是被动句。下面并附有图书馆管理员出的一则通告：

It has been noted with concern that the stock of books in the library has been declining alarmingly. Students are asked to remind themselves of the rules for the borrowing and return of books, and to bear in mind the needs of other students. Penalties for overdue books will in the future be strictly enforced.

如果译成汉语，可以成为这样的：

最近发现馆内书籍数目惊人地下降，因此特要求同学们不要忘记借书还书规则，要考虑别的同学的阅读需要。今后凡借书到期不还者，必按章严格课以罚金。

（二）无标志的被动句

汉语的"被"字句的频率是很低的，但这并不是说，主语是受事的句子，被动句很少。如果写汉语而不能用"被"字句以外的各种被动句，也是寸步难行。这些被动句中最大量的就是无标志的被动句。无论理论文字还是文学语言，还是日常会话，这种句式都是俯拾皆是。赵紫阳同志那篇报告的开始 58 页书面材料中，"被"字句仅仅出现一次，而无标志的被动句却不计其数。下面是其中的一小部分。

40. 国民经济正在进一步调整。

41. 第六个五年计划的草案已经编制完毕。

42. 第六个五年计划草案已经分送给各位代表。

43. 粮食生产必须抓得很紧很紧。

44. 这必须作为一个长期的政策定下来。

45. 国家对农业的投资，主要应该用于那些靠农民自己力量办不到的建设项目上。

下面是从别的文章摘出的例子：

46.《梅》的书名取得好。

47. 独立思考的能力还未养成。

48. 这本小书两天之内就全部售光。

49. 这些桥也实在修得十分漂亮。

下面是从《骆驼祥子》摘出的例子：

50. 这些人，生命最鲜壮的时期已经卖掉，……

51. 可是因为定钱放弃了，车铺愿意少要一点。

52. 院子与门口永远扫得干干净净。

53. 他无亲无故的，已经埋在了东直门外义地里。

54. 脸似乎有许多日子没洗过。

55. 事情简直说不清。

56. 纽扣通体没扣。

57. 一切的路都封上了。

上面例 40—57 都是极为合乎习惯的、主语是受事的被动句。其中绝大部分，说汉语的人是不会想到去用"被"字的。而这些在英语都是可以译为被动句的。这种句子的特点是没有施事，也很难补上施事。

英语其实也有这种句子，例如：

58. The tickets cost too much and wouldn't *sell*.

59. Her letters always *read* well.

但能这样用的动词不多，至少，比汉语这类动语少得多。

（三）"受"、"挨"、"遭"等动词构成的句子

有些主动句，以"受"、"挨"、"遭"、"蒙受"、"遭受"、"受到"等为谓语动词，由于这些动词的性质，主语处于受事地位。这些句子也可以译成英语的被动句，或相当于英语的 suffer、experience 等动词。从意义上说，以这些动词构成的英语句子，虽是主动句，其主语也往往处于受事地位。这里不准备细谈。

（四）"加以"和"得到"

"加以"是动词，本身没有什么具体的意思，只是帮助说明人对事物如何处理，而处理的具体方式要由后面的动词表明。被处理的事物必须在"加以"前提到。能用在"加以"后面的动词必须是双音的、及物的，而且是处置性的。那些非处置性的动词，如"符合"、"属于"、"缺乏"、"主张"、"喜欢"、"形成"等，虽是及物的，却不能和"加以"结合。"加以"的施事必然是人，但施事却不一定出现。用"加以"的句子往往是无标志的被动句，以所处理的事物为受事主语，语气却是积极的，表示人如何处理某事物：

60. 这种状况必须加以改变。

61. 这是一项复杂和困难的工作，应随着高等学校的调整工作，加以研究解决。

62. 以上这些问题，都应在今后的工作中加以改进。

63. （关于国民经济）把大的方面用计划管住，小的方面开放，主要通过工商行政管理和运用经济杠杆加以制约。

"得到"是动补结构。它的宾语可以是名词性的，如"得到一笔奖金"，也可以是动词性的，至少是双音动词。可以是不及物的，如"得不到休息"。如果是及物的，也多是处置性的。可以用于"加以"后的动词，一般也可以用于"得到"之后。不能和"加以"结合的动词，一般也不能和"得到"结合。只是"加以"的动词宾语可以是表示愉快动作的，也可以是不愉快的："加以整顿"、"加以摧毁"，而"得到"后面的动词不能是不愉快

的。从语法上说，"得到"和"加以"正相反，总用于主动句，主语既可以是人，也可以是物。但因为"得到"的意思是消极接受，于是主语事实上处于受事地位，语气是消极被动：

64. 必须使资金按照正确的方向，得到合理的使用。

65. 在这个过程中，大包干办法本身也不断得到丰富和发展。

66. 在这个过程中，凡是不合理的不正确的东西都要被抛弃；凡是合理的正确的东西都要得到进一步的发扬。

67. 但是在旧社会，它（文字）的作用却得不到充分的发挥，它往往被剥削阶级所垄断。

"得到"的被动性在例66、67中表示得很清楚。两句都是从正反两方面对比着论述的。坏的一方面都用"被"，好的一方面都用"得到"。无论上面"加以"的例句还是"得到"的例句，都可以译为英语的被动句。二者的差别并不妨碍英语被动句的使用。下面是例句60、63、64、65的英译文：

60. This situation must be changed.

63a. ... and of exercising strict control over major economic matters through planning while adopting a flexible policy towards lesser ones, which are to be controlled mainly through industrial and commercial administration and economic levers.

64a. We must see that funds are used properly in the right order of priorities.

65a. In the course of this process, the all-round contract method has been enriched and refined into...

（五）"由"字句

介词"由"，当其在句中的功能是引出施事时，可以和"被"一样译成英语的 by。整句也就可以译为被动句。但是用"由"的句子和"被"字句在汉语中却是两种句子，在很多情况下是不能互换的：

68. 大中型基本建设项目，一律由国家计委审批；小型基本建设项目，一律由省、市、自治区计委和国务院有关部门审批。

69. 用于基本建设的投资，由建设银行统一管起来，按计划监督使用。
70. 因为雪花的主要形状是由六角形的小结晶体集合而成的。

"由"也可以用于无主语句中：

71. 平坦的大道或下坡路上，由我推车；拐弯处曲曲弯弯的小道或上坡
　　路上，由阿香推。

以上句中的"由"都是不能用"被"代替的，"由"字句主要指出进行
某事的责任属什么人，或指出事物的组成成分，丝毫不牵涉受事受到什么
影响的问题，所以动词不一定要带任何后附成分。这种在汉语中"由"和
"被"的差别，也不影响在英语中一概用被动句。

（六）"是……的"句

有许多英语的被动句，用来回答或解释某事物是什么时候、什么地点、
怎么样、由什么人做的等等，总之可以回答一切 wh-questions 的被动句，以
及这种疑问句，这些在汉语一概不用"被"字句，而是"是……的"句：

72. 《北京人》是谁写的？——《北京人》是曹禺写的。
73. 那个剧本是什么时候、在哪儿写的？——是 1940 年在北京写的。
74. 这种篮子是用什么编的？——是用竹篾编的。
75. 桌子是怎么送去的？——是放在汽车上送去的。
76. 这台机器是做什么用的？——是钻孔用的。

下面是由《骆驼祥子》中摘来的一些例子：

77. 饭也是钱买来的。
78. 他自己的那辆车是去年秋初买的。
79. 他不能舍了那点钱，那是用命换来的。

（七）"被"字句

汉语的"被"字句用起来要受许多限制。在口语中，这种句子用"被"
字的较少，较多的是用"叫"、"教"、"让"、"给"。在《骆驼祥子》的近百

句"被"字句中，属于对话的，也就是最为口语化的部分，有 9 句，而这 9 句全部用"教"。其余九十多句都是写景写情的，其中大部分用"被"，也有一部分用"教"、"让"、"给"。

"被"字句的动词，直到现在，大多数仍是表示不如意或不愉快的动作的。这在口语性较强的句子中比较明显。上面提到的《骆驼祥子》中的 9 句出现在对话中的，全部是表示不愉快的。在赵树理的《三里湾》的前 50 页中仅有的 5 个"被"字句，有 4 句是不愉快的事，剩下的一句也是说到原本想暂时不让人听见的话被人听见了。在柳青的《创业史》的开始 60 页中有 9 个"被"字句，其中 6 句是不愉快的。

由于西方文字的影响，汉语中的"被"字句，特别是用"被"字的，逐步多起来了。但作家与作家也很不同，老舍的对话是地道的、极为口语化的北京话，但在情景的描述中有受西方影响的痕迹。他的"被"字句是比较多的，而且其中相当一部分并不是不愉快的事，例如：

80. 虽然肢体还没有被年月铸成一定的格局，……
81. 被大车轧起的土棱上镶着几条霜边，……
82. 窗纸被院中的月光映得发青。
83. 有几盏灯被雪花打的仿佛不住的眨眼。
84. 连人带车都像被阵风吹起来了似的。
85. 屋里已被小福子收拾好。

赵树理受西方影响可能要少一些，他的《三里湾》的前 50 页中只有 5 个"被"字句，较之《骆驼祥子》的 221 页的近百句，似乎只有老舍的四分之一到五分之一。柳青的《创业史》的前 60 页中有 9 句，频率也大大低于老舍，不过"被"字句在汉语里多起来，还是限于书面语。口语里还是不多，因为日常生活里的一切具体事物，当其处于受事主语地位，仍以无标志的被动句最为合乎习惯。书面语中的被动句则往往用于抽象事物或科学理论的论述，施事往往不出现，或以泛指的"人们"等为施事。

86. 所以，惭愧是应该被淘汰而不是被培养的感情。

87. 她们对生产劳动和爱情生活有比较正确的看法，而生产劳动实际上被看成是一切的基础。

88. 尤其像唐明皇和杨贵妃那样"七月七日长生殿，夜半无人私语时"的恋爱生活，也曾被人羡慕。

89. 幸而它被一位学者所发现，与它同类的书籍被埋没的还不知有多少。

90. 这样的坏风气，让它随同死去了的封建时代，永远被人们所唾弃吧！

91. 这种病害叫做大豆花叶病毒。它很难被控制住。

92. 我就疑心罗马恐怕也曾有过有理性，有明确的利害观念，感情并不被几个煽动家所控制所操纵的群众，但是被驱散，被压制，被杀戮了。

93. 它（三七）对于各种疾病的治疗价值，正在逐步地被人们所认识。

即使是在这些"被"字句用得比较多的现代书面语中，"被"字句仍然不能像主动句那样随便运用。决定"被"字句能否运用最关键的是动词。能用于"被"字句的动词都是有处置性的，就是说动词必须是代表发自某人、物的一种有意识的或无意识的动作，对另一人物有所影响的。我们知道，用于"被"字句的动词后面常带些后附成分，这些成分就是说明受事受到影响之后的结果的。因此有很多的动词虽然是及物的，也不能用于"被"字句。有些动词，它们的宾语是施事的愿望、感受等，是不能变为"被"字句的：

94. 远古时代的人们就已经害怕人口太多。

95. 大家都觉得这是非常重要的文物区。

96. 我迫切地希望朋友们多提出一些具体的要求。

97. 学生们建议假期里到农村去作调查。

98. 他主张在院子里种上几株果树。

这类动词就像在这几个例句中那样，常以主谓结构或动词短语为宾语，而这类宾语是很少转变为受事主语的。不过即使是以一个词为宾语，如"他主张晚婚"，也不能转变为"被"字句。有些动词只表示施事与受事之间的关系，并不支配受事，自然也不能用于"被"字句，如"有"、"像"、"属于"、"缺乏"等。还有一些动词表示存在或出现的，而其宾语就是存在或出现的事物，如"蕴藏"、"发生"、"产生"、"出现"等，自然也不能用于"被"字句。更有一些动词是表示事物本身发展变化成为另一状态，如"成"、"当"、"形成"、"成为"、"变成"、"沦为"，自然不能用于"被"字句。当然还有许多不能用于"被"字句的动词，不能一一分类。凡是这些不能用于"被"字句的动词，也是很难带上任何能说明受事所受影响的后附成分的。这种用于"被"字句的动词的处置性在多义动词中看得比较清楚。同一个动词，由于意义不同，有时能用于"被"字句，有时则不能：

占　a. 他的房子被人占了。

　　b. 他在你的心目中占什么样的地位呢？

说　a. 小林无故旷工，被他父亲说了一顿。

　　b. 小林会说英语。

打　a. 他叫人打得几天下不了地。

　　b. 昨天有人打电话找你。

开　a. 箱子上的锁被人开开了。

　　b. 那盆月季开了三朵花。

管　a. 你得学会管自己，不能老教人家管着。

　　b. 参加训练班那一个月，训练班管吃管住。

"被"字句必须表示受事受到影响，因此当动词本身可以说明这种影响时，动词可以不带任何补语，只要一个"了"或"着"就行了，双音动词可以连"了"、"着"都不要：

99. 命是自己的，可是教别人管着。

100. 他被人骗了。

101. 她生怕被人误解。

102. 集合起来的队伍早已被解散。

103. 这种稻种早就被淘汰了。

但是更多的情况是由动词的后附成分去说明受事所受的影响：

104. 最大的损失是被雨水激病。

105. 他不放心他的车，唯恐被丁四，或任何人，给拉坏。

106. 院内的空棚被水月灯照得发青。

107. 而今被压在老婆的几块钱底下。

有些动词本来是不能用于"被"字句的，但当它使受事受到一定影响时，就可以用于"被"字句。

108. 有翼正被灵芝问得没话说，……

109. 那本《红楼梦》被他看得稀烂。

110. 邮票叫她给贴倒了。

111. 一个茶话会被他们开得冷冷清清。

我们说"被"字句的动词必然要使受事受到影响，但是"知道"、"看见"、"听见"这些词都不使受事受到什么影响，却可以用于"被"字句：

112. 再说，这个事要是吵嚷开，被刘四知道了呢？

113. ……所以不愿头一个就被她看见他的失败。

114. 恐怕就是在这三天里，他与三匹骆驼的关系由梦话或胡话中被人家听了去。

但是也很明显，这些都是叙述当事人不愿意别人"知道"、"看见"、"听见"的事。一般任何用这三个词构成的主动句是不能转变为"被"字句的：

115. 我不知道他的住址。

116. 他看见昨夜自己留下的脚印。

117. 天还没亮他就听见了四外的鸡叫。

只有在书面语中，有些表示强烈的爱憎的动词，不受影响，也可用于"被"字句："被人唾弃"、"被人羡慕"。

大家都知道"被"字句的特点，一是受事主语多是专指的（或叫有定的），二是不用于祈使句。此外，"被"字句绝大部分是叙述已完成的事实，而且多是肯定句；否定句和疑问句都很少。《骆驼祥子》的近百个"被"字句中只有三个否定句，一个疑问句。但是现在书面语中的"被"字句已冲破叙述已完成的事实这一束缚，如例 86、87、90、91、93；受事主语已冲破专指这一束缚，如例 86、87。甚至例 90 还可以算是一种祈使句呢！

我必须再一次声明，我并不是在指导别人如何翻译英语和汉语的被动句。我没有能力，也没有资格这样做。我只是想把汉语的被动概念介绍给学汉语的外国人，由他们自己去和英语的被动概念比较，作出自己的抉择。

（原载《中国语文》1983 年第 6 期）

汉语的状语与"得"后的补语
和英语的状语 *

　　对说英语的学生说来，汉语的状语原来并不困难，因为英语也有状语，只是状语在句中的位置有时汉英相同，有时不同。在很多情况下英语的状语译成汉语也是状语，学生掌握起来比较容易。但是在另一些情况下英语的状语翻译成汉语必须译成动词加"得"后的补语。这是英语所没有的东西，学生就感到困难，尤其是究竟什么样的状语，汉语得转变为补语呢？本文想就这个问题谈谈，希望能对学汉语的学生有些帮助。

　　首先我之所以称它为"得"后的补语（指的不是表示可能性的"得"）而不称它为带"得"的补语，是因为"得"是属于前面的述语的，而不是属于后面的补语的。如果说话中有停顿，要停在"得"后，而不是述语之后，如："他跑得呀，真叫快！"而且有时在表示极高程度时，可以到"得"为止，成为感叹句，后面没有补语，如："看他急得！"

　　有些汉语的句子以形容词做补语的，和以形容词做状语的，这补语和状语用英语表达时可以毫无区别地用状语。因此，说英语的学生用汉语表达思想时，往往在该用补语时仍用状语，说出不合汉语习惯的句子。那么状语和补语究竟有什么区别呢？就像吕叔湘、朱德熙的《语法修辞讲话》里所指出的那样，"动词后的附加语都有表示结果的意思"。所谓结果，我的理解是不论补语或其他后附成分是说明状态的、时间的、数量的，都指的是通过动作而达到的客观实际。"得"后的补语也不例外，很多是说明既成事实的。和补语不同，状语的重点不在说明动作的结果，而在描述动作

----

　　* 笔者为中美教学科研合作项目中的汉英对比论文集写了一篇"汉语动词述语的状语与补语和英语的状语"。现在这篇文章是那篇文章后一部分，作了必要的文字上的变动。

当时的状态、方式，或动作者主观上以何种态度进行动作。

有些形容词在处于状语和补语的位置上意义的区别非常明显。现在以"快、慢、多、少、好、坏"六个单音节的形容词为例，分别谈谈。这几个词在做状语与补语时，本身又有形式上的差别，不能随便运用，所以更值得介绍。

首先，"快、慢、多、少"有时是副词，不是形容词，只能做状语，用在动词前有各自不同的意思。我们先要把它们和形容词的"快、慢、多、少"区别开来。下面是这四个副词做状语的例子。

"快"有两个意思：

A. 表示不要耽搁，立即行动，只用于祈使句：

1. 快告诉我哪个队得了冠军。
2. 时候不早了，咱们快睡吧。

B. 表示事件即将发生：

3. 快下雨了。
4. 她快结婚了。

"慢"得说成"慢点儿"，意思是推迟行动，只用于祈使句：

5. 他有心脏病，这个坏消息慢点儿告诉他。
6. 你慢点儿走，我还有话跟你说。

"多"意思是多半、大部分，有书面语味道：

7. 美国的华侨多为广东人。
8. 今年夏天多下小雨，没下过暴雨。

"少"得说成"很少"，意思和"常常"相反，相当于英语的 seldom：

9. 我很少看电影。
10. 北京近几年很少下雪。

副词"好"和我们这里要讲的状语补语无关，就不谈了。"坏"不是副词。

下面就分别谈谈这六个形容词做状语和做补语的区别：

Ⅰ．"快"作为状语，描写动作者以高速度进行某动作。"快"必带有程度状语或重叠：

1. 他每天到办公室，总是先很快地把屋子打扫一下。
2. 那篇稿子我只能快快地看了一遍，没时间了，看得很不仔细。

"很快"＋"就"也表示事件即将发生：

3. 我们很快就会听到他的消息的。

作为补语"快"表示行动的实际速度是很高的：

4. 吃饭吃得太快不好，容易得胃病。
5. 昨天的比赛，他跑得很快，很有进步。
6. 鹿是一种跑得快的动物。

Ⅱ．"慢"做状语意思和"快"相反，也必须带有程度状语或重叠：

7. 你让他慢慢地看吧，别催他。
8. 他很慢地很费力地把几句话说完。

作为补语，"慢"的意思也和"快"相反：

9. 我牙不好，吃得慢，你们不要等我。
10. 他跑得真慢，简直是走不是跑！

Ⅲ．"多"作为状语指施事者在主观上长时间地或多次重复地进行某动作或使受事所指事物成为大量的，要用"多"或"多多"，不能说"很多"：

11. 年轻的时候记性好，应该多看书。
12. 你的病刚好，一定要多多休息。
13. 老年人最好多吃蔬菜水果。

作为补语则说明动作是长时间或多次重复进行的，或受事所指事物是大量的：

14. 我年青的时候太爱玩，书看得不多。
15. 最近没什么事，休息得很多，简直太多了。
16. 他运动量加大以后，吃得多了。

Ⅳ．"少"做状语和"多"做状语意思相反，很少重叠：

17. 我太胖了，应该少吃肉*。
18. 即使不能不喝酒不抽烟，至少也要少喝酒，少抽烟。

用于祈使句，有时有"不要"的意思，口吻很不客气：

19. 你少管闲事！

做补语和"多"做补语意思相反：

20. 最近睡得少，头总是昏昏沉沉的。
21. 我知道应该少吃肉，但实际上还是吃得不少。
22. 我越来越觉得书看得太少了。

Ⅴ．"好"做状语要变成"好好儿地"或"很好地"：

23. 孩子们，你们要好好儿地玩，别打架。
24. 明天我第一次上课，要好好儿地准备准备。
25. 他很好地上完了一堂课。

"好"作为补语说明动作的实际结果很好：

26. 我听了他的课了，上得真好！
27. 孩子们玩儿得很好**，没有打架。

＊　这里不能说："应该很少吃肉。""很少"前面已谈过是副词，"很少吃肉"意思是实际上吃肉的机会不多，也就没有"应该"不"应该"的问题。

＊＊　一般不用"好好儿的"（用"好好儿的"有特殊意思）。

Ⅵ．"坏"几乎不能做状语，却可以做补语：

28. 这首诗写得很坏。
29. 我上次数学考得坏极了，差点儿不及格。

还有些单音形容词很少做状语，却经常做补语：

30. 这篇文章写得太长了。
31. 把头发剪得短一点凉快。
32. 他走路步子总迈得很大*。
33. 字写得这么小谁看得见！

很明显，这些补语都是动作的结果在受事身上表现出来的："文章太长"、"头发短"、"步子大"、"字小"，是无法用状语去表示的。

根据上面的叙述看来，下列句子中用状语的地方，孤立地说是可以的，但在现在的上下文中就都不妥当了：

×34. 他很快地跑，所以要培养他成为运动员。
×35. 我很慢地学习，还没有作练习呢。
×36. 学生的成绩都很好，可见老师很好地教。

有许多双音节形容词是既可以做状语又可以做补语的，说英语的学生总是把它们当状语来用：

37. a. 这个学生在课堂上总认真地听讲。
    b. 他每次考试都很好，可见他很认真地学习。
38. a. 我看见他匆匆忙忙地走了，不知有什么事。
    b. 他连门都忘记锁了，是不是他匆忙地走了？
39. a. 老师把几条语法规律很清楚地讲了一遍。
    b. 老师很清楚地读课文，所以我们都听懂了。
40. a. 咱们今天去香山痛痛快快地玩玩吧。

---

* "大"做状语常是副词。形容词"大"做状语有，但很少。

　　b. 同学们郊游回来都很高兴，他们一定是痛痛快快地玩了。

　　37—40 中的"认真"、"匆忙"、"清楚"、"痛快"如果译成英语，在 a 和 b 句中都没有什么区别。但是从汉语角度说，所有的 b 句都是要用补语的："可见他学习得很认真"、"是不是他走得很匆忙"、"老师读课文读得很清楚"、"他们一定是玩得很痛快"。

　　总的说来，一句话的主语是已知信息，而谓语是新的信息，所以说一句话的主要目的在谓语，谓语是一句话的重点。述语又是谓语的中心，状语不过起描述作用。而补语不同，它在句中的重要性甚至超过述语。举一个最简单的例子："很"是既能做状语又能做补语的。但是做状语所表示的程度远不及做补语，"很大"、"很好"比"大得很"、"好得很"程度差多了。述语带了补语，句子重点往往移到补语上去，这就是为什么当我们比较某一行动某方面的程度时，非用补语不可，因为我们比较的正是这种程度，如速度、高度、长度、数量等：

　　41. 他跑得比我（跑得）快。
　　42. 你跳得比他（跳得）高。
　　43. 我现在比以前吃得少。
　　44. 我汉语比英语说得流利。
　　45. 这张画比那张画画得好。

　　当然，和许多其他的语法现象一样，状语和补语的区别有时并不很明显，可以互代。我们固然可以用重点不同来解释，但是译成英语总是可以用同一句式的。上面例句中用补语的地方都是既成事实，但在实际语言中补语不一定都用在既成事实上：

　　46. 要想发现问题必须钻研得深。
　　47. 我们希望改革能搞得快一点。
　　48. 只有老师教得好，学生才能学得好。
　　49. 如果叫他去当经理，一定会当得不错。
　　50. 这种花水要浇得多才行。

　　这几句都不是既成事实（显然也不是描写性的）。这几句之所以能用补语，是因为说话人要求实现这些实际效果。至于是否出于主观努力是次要的。但这几句里，例 46、47、50 是可以改用状语的：

　　51. 要想发现问题必须深入钻研。

　　52. 我们希望能快一点搞改革。

　　53. 这种花要多浇水才行。

　　尽管我们可以说这三句是要求当事人主观上这样去做，但从英语角度说，这三句的译文和 46、47、50 的译文可以完全相同。

　　总之，汉语在述语前用状语还是在述语后用补语主要是由意义来决定的。这种在说汉语的人要求有所区别的地方，有一部分是英语不要求有所区别的。这些就往往是以汉语为外语来学习的难点。说英语的学生必须多费些气力才能掌握。

　　　　　　　　　　　　　　　　　（原载《语言教学与研究》1984 年第 4 期）

"ALL" 与 "都"

　　说英语的外国学生学汉语时，"都"字是一个难点。其所以难，一则是因为我们在给"都"释义的时候，往往用上 all，于是他就把"都"与 all 之间画等号，二则是我们自己对"都"的理解并不是很周全的。即使学生按照我们给的例子造出句子来，也还会出错。这就是我们的问题了。比如我们可以说："我们都知道这件事"，因之我们也可以说："这是我们都知道的事"。如果学生也做这样两句："我们都送了花圈。""这是我们都送的花圈。"这后一句便很成问题了。为什么？

　　现在我们就来比较一下 all 与"都"。首先要说明，这篇文章要讨论的"都"仅限于为大家所理解为"总括全部"的"都"，是可读轻声的，也可不读轻声，甚至重读的，不包括表示"甚至"或"已经"的"都"，如"连他都没考好"、"都十二点了，怎么还不睡？"这两个用法的"都"必读轻声。

　　按照第三版韦氏大辞典，all 分属四个词类：形容词、副词、代词、名词。

　　I. 形容词 all 有三个不同的用法

　　A. 表示全部，修饰不可数名词：

1. He ate all his food.

2. He ate it all.

3. All rubbish should be cleared out of cellars.

4. all the year round

5. sat up all night

B. 表示全部中的每一个，修饰可数的复数名词：

6. All my friends were there.

7. You must answer all the questions.

C. 表示复数名词的集体：

8. All the angles of a triangle are equal to 180.

9. after all these years

Ⅱ. 副词

10. She is all wrong.

11. The table was all covered with papers.

12. The score is two all.

Ⅲ. 代词

13. All enjoyed themselves.

14. All of us are going.

15. sacrificed all for love

Ⅳ. 名词，意思是全部财产

16. to lose one's all

也有的词典把形容词 all 再分属 determiner 和 predeter miner 两类。不过 all 和"都"有关的用法大致都包括在上面那些例句中了。

"都"和 all 完全不同，并不分属几个词类，它就是副词，地地道道的副词。由于是副词，"都"仅能出现于述语之前，或者说，谓语之前。像英语中的 all 修饰名词那样（无论可数不可数）都是绝对不可能的。至于以代词、名词的身份做句子的主语或宾语更是不能想象的。不过，尽管词性不同，英语中用 all 的句子，在译成汉语时，有很多是可以用上"都"的。现在把上面英语的例句，凡可以用上"都"的，翻译如下：

1. 他把吃的都吃了。

2. 他（把它）都吃了。

3. （所有的）垃圾都得从地窖里清除出去。

5. 整夜都坐着

6. 我们的朋友都在那儿。

7. （所有的）问题你都得回答。

10. 她都错了。

11. 桌子上到处都是报纸。

13. 大家都玩得很高兴。

14. 我们都去。

15. 为了爱情把一切都牺牲了。

16. 财产（全部）都没了。

从这些译文中可以看出"都"的特点：1."都"出现在述词之前。2. 虽然出现在述词之前，而它所总括的事物都必须出现在它的前面。这个副词是指出后面述词或谓语所涉及的范围的，即在它前面的事物的全部。例1、2、7、15、16，英语原文中 all 指的是宾语，出现在述词之后。为了用上"都"，汉语就得把这些受事用各种办法移到前面去。不然就不能用上"都"。如保留在宾语位置上，译文就成为下面这样几句：

1'. 他吃了所有的吃的。

2'. 他吃了一切。

7'. 你得回答所有的问题。

15'. 为爱情牺牲一切。

16'. 损失了全部财产。

例4、9是短语，没有述词，自然也就无处放"都"，只能作如下的翻译：

4'. 整年

9'. 在这些年之后

例 12 从英语角度说，all 的用法比较特别，因为一般说来 all 至少得指三个事物，两个就用 both 了。这里的 all 却指的双方。而汉语倒是从两个起就用"都"，只是这里却又有习惯说法，叫做"比分是二平"。当然也可以说"双方都是二分"。现在只有例 8，既有述词，却又无法用上"都"。或者从这里可以窥见"都"的奥妙。

从前面引用韦氏词典中所给 all 的用法中可以看到，all 用于不可数名词时是表示全部，也就是把该事物作为一个整体来对待；用于可数名词多数时，大部分情况是指其中的每一个成员。副词 all 的三个例子，前两个修饰 wrong 和 covered，表示不是部分 wrong 和 covered，而是全部如此，其概念和不可数名词相当。例 12 是表示不是一方得二分而是双方都得二分，和可数名词的每一个相当。只有例 8、9，all 用于可数的复数名词，但不是指其中的每一个；又不是把它们看做一个整体，像对待不可数名词那样，而是指复数名词的集体概念。例 8，如译成汉语则是："三角形三个角总和是 180°"，不能用"都"。如果我们说："三角形三个角总和都是 180°。"我们的意思是所有的或每一个三角形都是这种情形。如果谈论到某一个三角形的三个角，而要用上"都"，我们只能谈论一个正三角形，说："这个三角形的三个角都是 60°。""都"指的每一个角。同样，如果我们说："我的两笔存款都是一千元"，那就是每笔一千元，一共两千元，而不会是两笔加在一起一千元。

韦氏词典讲 all 的用法中，没有提到 all 用于可数名词的单数。我想单数可数名词的全部的概念可能是用 whole 来表示的："I ate the whole melon." 而汉语这种地方倒是也可以用"都"的："我把整个瓜都吃了。"

另外，汉语的事物没有单数复数之分。有时不靠上下文，很难判断究竟是单数还是复数。"我把馒头都吃了。"也可能是一个馒头，也可能是三个馒头。如果是一个，"都"就表示全部；如果是几个，"都"就表示其中的每一个。看起来，一般认为"都"表示"总括全部"这种说法，用在复数的事物上不太准确，容易使人认为是指复数事物的全体。而事实证明，"都"就是不能代替全体。外国留学生的错误句子："这是我们都送的花圈。"目的是想说："这是我们全体送的花圈"，"花圈"只有一个，而"我们都送了花圈"是每人送一个，有几个人就有几个花圈。但是用在抽象的事物上，"这是我们都知道的事"，一件事完全可以为每一个人所知道，自然这句子也就是正确的。如果每个人送一个花圈，"花圈"是复数时，自然我们又可以用上"都"："这些都是我们送的花圈。"同样，如果几个人共同经营一个商店，不能说："我们都经营一个商店。"如果这样说，意思和"我们都经营商店"意思一样，那就是每人经营一个商店。我们只能说："我们共同经营一个商店。"那么我们可以不可以说"我们都经营这个商店"呢？现在"商店"为"这个"所限制，只能是一个，那"都"可否有"共同"的意思呢？这样说是可以的，但是"都"的意思仍是指"我们的每一个"，只是实际的结果和"我们共同"差不多。如果要说"共同"，不如就干脆用"共同"，不必勉强用"都"。而且倒过来"这是我们都经营的商店"肯定是不能说的。不过"这是我们都想经营的商店"却又是可以说的了。意思也很清楚，我们每一个都想管理这个商店，至于究竟由谁来经营，这个句子没有告诉我们任何信息。

（原载《语言教学与研究》1983 年第 4 期）

再谈"都"

　　我的《"ALL"与"都"》引出兰宾汉同志的《副词"都"的语义及其对后面动词的限制作用》。看了这篇文章，我觉得最好再把我的想法阐明一下。

　　"都"所指的事物必是复数的，这是没有疑问的。正如兰宾汉同志所指出的，如果是一个馒头，又能说"都吃了"，那是因为馒头可以分成几个更小的单位来吃。一个杯子不能说"都打破了"是因为不能先把杯子分成更小的单位再打破。一般词典给"都"的定义是"总括全部"。这很容易使人认为"都"是表示复数事物的全体，把这些事物看为一个总体。我那篇文章所要探讨的是"都"是不是指事物的全体。结论是不是，而是指事物的每一个。这也就是为什么我们用"每"的时候，后面多有"都"来配合。

　　比如一个人故去了，我和三个朋友一起送一个花圈。我只能说："我们（四个人）送了一个花圈。"这时这句话不能用"都"，虽然四个人是复数。如果是另一种情况，我们四个人每人送一个花圈，那我就必须说"我们都送了花圈"。又比如有人结婚，一对夫妇送礼，送了一个气压暖瓶。他们见到另一对夫妇，谈起送礼，就可以说："我们送了一个气压暖瓶。"这时不能用"都"。那一对夫妇一听，可能说："我们也送了一个气压暖瓶。"这四个人之中的一个就可能说："我们都送的气压暖瓶。"这四个人分为两家，而"都"指的每一家。

　　再比如"我们犯过错误"这一句话，可以用在一个人代表其组织总结工作的时候。"我们"指这组织的成员。他们大家一起犯过一个错误，或某些错误。而"我们都犯过错误"这句话意思就不同了，是我们之中每一个各自犯过错误，有人也许一次，有人也许多次，而且也不一定在同一时间。前一句也许在一定的语境中有后一句的意思，而后一句似乎不可能有前一句的意思。

还有，"我们两个是教员"可以说成"我们两个都是教员"，而"我们两个是好朋友"却不能说成"我们两个都是好朋友"。这也是因为每一个人不能成为"朋友"。

另外，"都"所指事物一般人都认为必须在"都"前面出现。兰宾汉同志的"你都干些吃力不讨好的事"虽然似乎可以说，但不如"你净干些吃力不讨好的事"。"我都认识他们"远远不如"他们我都认识"。至于"老张去过哪些地方？"是对的。以疑问代词构成的疑问句是"都"可以指后面的事物的唯一句式。别的疑问句也不行。兰宾汉同志认为"'谁'从表面上看是表示单数的疑问代词"。我想不是。汉语的疑问代词没有单数复数之分，就像名词"人"、"桌子"、"词典"一样。"都谁去？"中的"都"说明"谁"是复数，而"谁在打架？"或"谁是他的父母？"中的"谁"不也是复数吗？汉语名词、疑问代词的数要由语境决定。

至于"都"后面的动词，哪些行，哪些不行，还是要由"都"表示事物的每一个的意义去决定，我想。"米饭是大家都吃的吧？那我就不煮面条了。""这种字典是小学生都用的。""高跟鞋是现在男女都穿的。""连环画恐怕是大人小孩都看的。""吃、用、穿、看"不都是单个的动作动词吗？

（原载《语言教学与研究》1988 年第 2 期）

三谈"都"

看了 1987 年第 2 期《语言教学与研究》上刊登的《关于表示总括全部的"都"》一文，我觉得这样谈"都"未免有些太复杂。这么谈，外国学生会感到很困难。我们是否可以简化一点呢？

在《"ALL"与"都"》(《语言教学与研究》1983 年第 4 期) 一文中我曾说明，"都"指复数事物时，与其说它总括全部，不如说它指出这些事物中的每一个。也就是因为这个缘故，下面的句 1 可以加"都"，而句 2 却不能。例如：

1. 我们两个（都）是教员。
2. 我们两个是同乡。

"同乡"必须是两个人以上，一个人无法成为"同乡"。而"都"的意思是每一个，所以"同乡"前不能加"都"。

另外，用"都"有两个条件：因为它是副词，一般用于谓词前。再者，它所指的事物必定在"都"之前出现。例如：

3. 你们是不是都去？
4. 这些书你都看过吗？
5. 上午下午我都不在家。
6. 谁能把这些问题都回答出来？
7. 桌上、床上、地上都摆满了东西。

在 3—7 句中，"都"指的是它前面复数事物的每一个。即"你们"中的每一个，或"这些书"中的每一本，等等。3、4、6 句都是疑问句，而《现代汉语八百词》中笼统地说"除问话以外，（都）所总括的对象必须放在'都'前"，这是不对的。

但是，"都"的用法有一个例外，就是程美珍先生所指出的特指疑问句。这种句子中的 "都" 有时和普通用法不同。说有时，因为有时这种问句一样可以用普通用法的 "都"，如句6。如果提问人在提问时已默认答案必是复数事物（包括人、物、时间、地点、方式等）而要求回答哪些事物，那他就可以把 "都" 放在要求回答的疑问词之前。如果要求回答的是宾语，"都" 必须放在控制这个宾语的动词或介词之前。例如：

8. 都谁参加这个会？

9. 你们都参加哪个会？

10. 你都什么时候在家？

11. 你们都把哪几个问题解决了？

12. 你到他家都看见了谁？

13. 这种鱼都可以怎么吃？

汉语的疑问代词没有数的标志（"哪几个" 中 "哪" 是疑问代词，这里复数是由 "几个" 来表示的）。如果没有 "都"，提问人或者默认回答是单数的，或者不肯定是单数还是复数。例如：

14. 谁参加这个会？

15. 你准备去什么地方？

对这种疑问，回答中的事物可以是单数，也可以是复数。对句8—13的回答，如果回答中事物是一个，那表示提问人所默认的错了，回答的人大概要用 "只"、"就" 之类的词。如对句8的回答："就一个人参加，我"，或对句13的回答："这种鱼只能红烧。" 提问人也可能完全错了，对于句11的回答则是："我们一个问题也没解决。"

这种问句一定是特指问句。但并不是所有的特指问句都能成为这种问句。以 "多少"、"多 + 形容词" 提问的都不能成为这种问句。在回答这种问句时，这种 "都" 不能出现。我认为 "都" 的这种用法更说明 "都" 的重要功能是指出一个总体中的每一个。这种解释可能比较容易为外国人所理解，从而使他们更容易掌握这种 "都" 的用法。

（原载《世界汉语教学》1988 年第 2 期）

介绍《汉语初级教程》

　　基础语言教材的编法近几十年有很大的变化。传统编法以语法为纲，句式课文都是为语法的讲解服务的。编者要求语法体系完整，由易到难，循序渐进。随后，又有以句式为纲的，不讲或少讲语法。近几年来则风行以情景为纲，讲求语言的实用。多种编法各有所长，都不可一概否定，也都各有缺点。我国的对外汉语基础教材的编定也和其他的第二语言教材的编定一样，走过各种各样的路子。现在大家对这个问题认识逐渐明确了。应采取各种编法之长，融会贯通，根据需要，编出合用的教材。

　　编写教材首先要明确的是使用教材的对象。针对使用者的要求才能确定编写的主导思想。对于只要求学会一些日常生活用语，应付在中国短期生活需要的学习者，语法体系和汉字的识别都是不必要的。教材自然应以情景为主，课文短小精悍，甚至完全可以用拼音而不必用汉字去增加学习者的负担。

　　至于那些准备以汉语为工具进一步研究或学习某学科的人，或根本以汉语为学习或研究对象的人，包括准备做口译或笔译工作的人，对他们适用的基础汉语课本就完全不同了。对这些人说来基础课本的目的就是为他们继续学汉语打基础。一定的语法理论知识，清晰的语法概念是必要的。汉字的熟悉掌握是必要的，必须能不借助拼音直接阅读汉字，自己的发音必须相当正确，不使人误解。听的能力自不待言。

　　对于这样的学习者，邓懿、熊毅、赵燕皎、卫德泉所编定的《汉语初级教程》正是最恰当得力的教科书。前两位编者都是有几十年对外汉语教学经验的教师，并精通英语。邓懿教授又是1958年新中国第一部对外汉语教科书（时代出版社出版）的编写者。后两位也是中年汉语教师中的佼佼者。三十年过去了，他们对汉语语法的认识更加成熟，对说英语学生的困难更是了如指掌。对基础部分语法点的选择更为精当。现在所编教材水平更高，更为实用。如果说三十年前以语法为纲，语言偶有脱离实际之处，现在则是语法密切结合情景，所教的语言在实际生活中都能应用，没有为练句式而练之嫌。如果说当时的语法解释或有失之烦琐，现在则更加精练，而且佐之以大量例句，弥补抽象的语法解释的不足。如果说当初囿于极左思潮，语言或失之拘谨，课文内容狭窄，现在在开放的形势下，语言则生动活泼，课文内容开阔广泛，从中大可以窥见当代中国人民的丰富有趣的生活。而由此学到的语言不仅限于应用于中国的环境。

这部教材的一大特点是语言点安排得针对性强。如"一点儿"和"有一点儿"同时讲解；"还是"与"或者"互相比较。主谓谓语句、主谓结构做主语、主谓结构做宾语放在一起。这些都是针对说英语的学习者的困难而作的安排，大大有助于防止错误的发生。

本书另一特点是每个语言点先给大量例句，让学习者从中体会意义与用法，然后才是解释，随之就是练习。例句对了解课文掌握用法极为关键，作用有时超过抽象的释义。所以把大量例句放在释义之前是很有见地的。练习量大类多，紧跟释义之后，趁热打铁，对学习者熟练掌握是很有帮助的。

和其他一些基础教材相比，《汉语初级教程》练习的量特别大，包括词语搭配和常用的短语。语音的练习尤其得到重视，不限在语音阶段，而是一直坚持到最后。练习多对教师是福音，对自学者就尤其重要。作为基础教材，语言点宁可小些，而要练得透些，以后得益无穷。

最后，这本教科书在教汉字上对传统教法有所突破。把汉字分若干部件，要求学生牢牢掌握这有限的部件的写法。由部件再组成汉字。这个做法可以纠正外国人写汉字极易犯的丢落笔画的错误。这教法和北京语言学院的最新的汉字教法不谋而合。可谓英雄所见略同吧。

这套初级教程共四本，还有中级教程两本（杜荣主编），高级教程两本（姚殿芳主编）可供进一步学习之用。这八本教材将由北京大学出版社于1988年出版。这是相当完美的一部汉语教材，我很乐于向说英语的学习者推荐。

（原载《世界汉语教学》1987年第2期）

评《话说中国》

　　近几十年来，对外汉语教学在中国以及许多别的国家迅速发展。各种教材大量涌现。但绝大多数是基础汉语教材，中级的课本较少。现在要求进一步提高汉语水平的人越来越多，中级教材是很急需的。杜荣［中］和戴祝畬（Helen T. Lin）［美］两位教授主持编写、华语教学出版社出版的《话说中国》这部中级口语教材，正好满足了这个要求。

　　作为一部口语教材，这部书本身的语言就是极典范的当前通行于中国大陆的普通话，没有俚语，也没有不能上口的古汉语。即适合口头表达，又能用于书面形式，学了就能用。1949 年新中国成立后，由于社会各方面发生了巨大变化，语言，尤其词汇，自然地随着变化。要想和当代的中国人民沟通思想，必须学习当代的汉语。这部教材的语言正是如实反映了现代的特点的。其中的"对象"、"矛盾"、"干劲"、"争取"、"批评"、"教育"、"大锅饭"、"尖端科学"等等都不是几十年前中国人口中的用语。从过时的教材中都是学不到的。

　　既是一部教科书，语言的练习是很关键的。既是中级口语教材，句型练习的选择必须重点突出，难易适当。在这方面，《话说中国》堪称典范。举其中一课为例。下册第四课中句型练习共选了九个："要是……就好了"、"到处"、"这样吧"、"尽可能"、"到底"、"反正"、"至于"、"明明"、"反倒"。可以看出这些都是汉语中极常用，而外国人不易掌握的。本教材先给每种句型以大量的例句，再加简明的翻译，跟着就是大量的练习。通过例句使学习者体会不同的用法和意义，弥补释义的不足。练习的方法则因句型而异，避免单调。此外还有听力和翻译练习。语言练习不但充分，而且多样化。

　　这部教材课文都是介绍中国各方面的知识的，内容非常广泛有趣。通过学习，不但能学到语言，而且可以大大加强对中国的了解。另外还有介绍美国的类似方面情况的文章，使这部书的内容更加丰富。学习者还可以学到西方某些概念的汉语说法。

总之，《话说中国》既是一部学汉语的科学性很强的教材，又是了解中国和中国人民的有趣的读物，词语例句等的英译文既准确，又合乎习惯，不是生硬的中国式英语。它是值得向外国朋友们推荐的一部好书。

（原载《世界汉语教学》1988 年第 1 期）

和青年教师谈谈对外汉语教学 *

一个中国人，只要不是哑巴，教外国人汉语往往被认为是再容易不过的事。尤其是受过大学教育的，只要会说普通话，不论从发音上、语法上、用词上，说出话来一般都是正确的。外国人说出话来，我们一听就能判断是对的还是错的。既能辨别是非，自己又完全掌握了汉语，给外国人上课还不容易吗？有人甚至扬言："我拿本小人书就能对付半年！"于是有些大学中文系毕业生一听说自己分配当对外汉语教师，心立刻就凉了！英雄无用武之地嘛！

同样是些基础的东西，外语系的毕业生分配去教基础英语，似乎就觉得不算屈才，至少刚毕业头几年不算。为什么？因为自己的外语掌握得还不那么好，上课前得好好备课，得经常学习着点，在教学过程中自己的外语可以得到提高。教外国人汉语对自己有什么好处呢？

同是教语言，何以教自己掌握得不那么好的语言就是一门学科，值得去做，而教自己掌握得很好的语言就不算什么，不值得去做呢？如果教外语是一门学科，我们教汉语就是作为一种外语来教，自然也就是一门学科。要想教好一种语言总需要包括两方面的知识，一方面是教学法的知识，另一方面是语言本身实践和理论的知识。汉语教学法和其他语言作为外语的教学法必然有许多相同的地方，也必然会有教汉语的独特的地方。我们每个教员都可以问问自己：是否研究过教学法？自己的教学是以什么理论为指导的？世界上现在语言教学都有哪些先进的方法？我们可曾有意识地把它们运用到汉语教学中来？又有哪些方法是不可取的，我们应有意识地避

---

* 本文是作者在中国对外汉语教学研究会举办的第一期汉语教师培训班（1984年，北京）开学典礼上的讲话。

开？怎样教汉语才算教得最科学？这些问题难道不是一个合格的汉语教员应该能够回答的吗？这里不是有大量的学问需要学习，有大量的未知的理论需要探索的吗？

另一方面，汉语本身关于语法词汇的理论知识。从学生角度说，他学的是语言本身，并不是关于语言的理论知识。作为一个教员则没有理论知识，仅仅能说地道的汉语，是不够的。学生犯的错误是各种各样的，仅仅指出错误加以纠正而不能说出原因，统统归之于"不合习惯"是在学生面前树立不起威信来的。现代汉语的语法词汇的研究在解放后确实有了长足的进展，但没有解决的问题却比比皆是。外国人多问几个为什么常常就可以把我们问住。在这里我要引用两位权威的话。

1984年5月18日《光明日报》刊登了杨振宁的《谈学习方法》。他自己原是中国西南联合大学的学生。他认为中国大学的教师教课都极认真，但是他有这样一段话："美国教授主要做研究工作，上课不大认真，发现他们有很多好处，最大的好处是和实际的问题比较接近，美国学物理的方法与中国不一样。中国是演绎法，先有许多定理，然后进行推演。美国是从现象出发，定理是从现象归纳出来的，是归纳法。演绎法是学考试的人用的办法。归纳法是做学问的办法，从具体工作中抽象出定理来。"我们的年青教师大多数是大学中文系毕业的，都是学了许多扎实的基础知识的，也就是掌握了不少定理的。现在教汉语就正是要接触到实际问题。大家所学的定理就要受到实践的考验了。如果实践证明某定理是错的，那就要由我们这些教师去纠正，那就是对汉语研究有了贡献。

另外，我还要引用吕叔湘先生的一段话。在他的《汉语语法分析问题》这本书的序言里，吕先生说："很多人一提到语法研究，往往只想到语法体系方面的大问题，忘了这个和那个词语的用法（在句子里的作用），这个和那个格式的用法（适用的场合）和变化……忘了这些也都是语法研究的课题。这方面的研究，过去是很不够的。这种研究看上去好像琐碎，好像'无关宏旨'，实际上极其重要。……这种个别词语、个别格式的研究和语法体系的研究是互相支持、互相促进的。……有了这两方面的配合，语法研究才能顺利地前进。"杨振宁和吕叔湘都提到实际问题。就汉语而言，教外国人汉语是最好的提供实际问题的场所，是考验理论是否符合真理的最好的实践。有许多问题是在教本族人汉语中很难发现的。

　　在这方面我可以举两个很小的例子。我们向外国学生解释"反而"这个词的时候都是这么讲的："和所想的相反"，或者像《现代汉语词典》里所给的定义那样："表示跟上文意思相反或出乎预料和常情之外。"中国人一听，觉得确实是如此。但是外国学生根据我们所给的定义做过这样两句话："他以为我不喜欢他，我反而很喜欢他。""我们都喜欢看电影，他反而不喜欢看电影。"这两句不是都错了吗？但是是符合定义的，不论是我们给的还是词典给的。中国人是不会用"反而"造出这种句子来的，因而也就不会想到定义不准确。如果我们进一步找些例子来研究研究"反而"："春天来了，反而下起雪来。""弟弟反而比哥哥高。"春天的来临是应该使天气暖和起来的，但现在不但没有暖和，却更冷了，下起雪来了；弟弟比哥哥年龄小，按理应该矮一些，但实际上比哥哥高。第一句的春天的来临和第二句的弟弟比哥哥小这两个事实都没有产生应有的结果，而产生了相反的结果，于是就用"反而"。上面两句错误的句子里，"他以为我不喜欢他"只是一个人的想法，并不能促成任何结果；"我们都喜欢看电影"也是一种不会产生什么结果的一种事实。即使后半句的意思和前半句相反，也不是那种实际结果与应产生的结果相反的情况，所以也就不能用"反而"。可见那种"与所想的相反"、"与上文相反"都是一些表面现象而没有揭露出实质，所以定义不会是正确的。如果没有外国学生做的这两个错句子，作为一个以汉语为本族语的中国人是很难发现"反而"的真实的意思的。

　　另一个例子是"都"，这个词在词典里是这样下的定义：总括全部，所总括的东西必须在"都"前。（当然"都"还有别的意思，现在我们只谈这一个意思。）我们对外国学生也是这样讲的。说英语的学生都是把"都"和 all 等同起来。他们有时犯的错误是由于 all 的用法的干扰，这里先不谈。有一天我听到一个外国学生做了这样一个句子："这是我们都送的花圈。"我想他想说的是："This is the wreath presented by all of us"，这是我们几个人合送的花圈。但这句话不对，中国人不会这么说。毛病到底在哪里？和它相仿佛的另一句："这是我们都知道的事。"却是完全对的。如果我们把那句改一下："这是我们全体送的花圈"，就行了。"全体"，真正是总括全部，而"都"和"全体"不一样，我们可以说"我们都送花圈"，那是什么情况呢？每人送一个。那"都"的意思是否是前面的人物的每一个呢？果然是这样。我们平常说："我们两个人是教员"，也可以说："我们两个人都是教员。"但是虽然我们能说："我们两个人是同乡"，却不能说"我们两个人都是同乡"，因为"都"指的是前面的每一个，而一个人是无法成为"同乡"的。必须是两个或更多的人才能成为同乡，除非用另一种办法说某人是某人的"同乡"。"这是我们都知道的事"当然可以说，因为每一个人都知道某一件事是完全可能的。

我所举的两个例子都不是什么了不起的大发现，但是是前人没有认识到的。如果把这些教给学生，他们对"反而"和"都"就有了正确的认识，而不会由于我们讲错而犯错误。汉族人说汉语绝大多数情况下不是靠理论指导的。词典里的定义，语法书里的理论往往接触到表面现象而被误认为是正确的。外国人则不同，他是完全按照我们教给他的理论来遣词造句的。理论错了，他一定会错。

当然，等着学生犯了错误再去发现真理，还是被动的。最好是能主动去发现。要提高自己的嗅觉，不要认为权威讲的都是对的。凡事都要多想想。我们在编《简明汉英词典》时，词条中有"插班"这样一个词。翻开《现代汉语词典》找到这个词，看见下面这定义："学校根据转来的学生的学历和程度编入适当班级。"我们没有动脑筋，觉得这定义不错，就把它译成英语，放在我们的"插班"下面了。现在请大家想想，这定义对吗？错了。按定义的说法，"插班"是学校做的事，而实际上"插班"是学生做的事。做这事的学生叫"插班生"。我们平常只能说：某某到某年级去插班。当然，学生去插班得到学校的准许，学校得考虑他的程度。但这些是插班之前的准备工作，而不是插班本身的事。若是按上面的定义，我们应该可以说：学校把某某学生插班到某年级去。而这却是不行的。

我举的都是词汇的例子，其实语法也一样，有许多没有解决的问题。作为一个对外汉语教员要养成一种"职业病"，就是对错误的敏感性。常常想想学生为什么会犯这个或那个错误。特别要注意学生按照我们的说法去做，结果却错了的情况。

　　从上面说的看来，如果是个有心人，是可以从对外汉语教学这工作中挖掘出无穷的教学法研究课题、汉语语法词汇研究课题来的，是完全有用武之地的。但是我们也不否认，教外国人汉语，比你作为中国人教中国人汉语或作为一个英语教师教中国人的英语要容易，特别是如果你对自己的要求不高。作为一个中国人教英语，如果不好好备课，上课时就可能对付不了。教外国人汉语，不好好备课，上课时总可以对付一气。不过不幸的是我们的教学对象是成人，多半是大学生，有些甚至是教员。他们除了汉语不如我们以外，其他方面有些知识可能超过我们。对于一个语言教员的好坏，他们是评价得了的。究竟在你倒给他那一杯水的后面是一大桶水，还是只有两三杯，他们很快就会发现的。其实如果对自己要求不高，即使教中国人汉语，或教中国人英语，教过两三年之后也就没有什么困难，不备课也能对付。学生自然也会察觉。这时是你自己丢脸，丧失威信，教外国学生，如果丧失威信，就有丢中国人的脸的问题，就有损伤我国荣誉的问题。我们不能做这样的教员。不能让学生因为我们是不合格的教员，而离开中国到别的地方去学汉语，我们不应该只做合格的汉语教师，而要做出色的汉语教师。在许多自然科学的学科以及一些别的人文科学的学科的研究与实践上，我们和别的国家处在平等的地位。各个国家在某些方面成绩各有高下。我们即使有比别人差的地方，还不能算甚么特别的耻辱。但是在汉语教学这门学科的研究与实践上，难道我们能让任何别的人去占领先的地位吗？不能！这就叫做当仁不让。我们必须有这样的志气。

　　我们应该成为什么样的汉语教师呢？我可以为大家树立一个榜样。大家可听过赵元任这名字？赵先生已在前几年去世了。他是世界上第一流的语言学家，就曾在美国教了几十年汉语。汉语教员同时是语言学家，这是顺理成章的事。赵先生的《中国话的文法》是汉语语法的经典著作之一。国内教中国人汉语的专家学者能和赵先生相比的，也不是很多。希望年青的教师同志们取法乎上，向赵先生这样的汉语教员看齐，不要仅仅靠会说普通话来敷衍塞责。希望大家都能有新的发现，有创见，成为教外国人汉语的专家。

　　青年教师中还有一部分是学外语的。这些人恐怕也有不安心的，觉得自己的外语白学了，用非所长。的确，如果只是在教外国学生的开始阶段为了节约时间用他们的本族语解释一下，确实是用不了多少外语。学外语的同志一般对汉语又缺乏研究，所以觉得这工作是舍己之长，用己之短。不过，汉语究竟是大家的本族语，说起来、用起来要比外语更得心应手。所缺的是理论知识，只要是有心人，通过自学完全可以获得。而且由于是学外语的，更可以感觉到汉语的特点，更容易体会外国人学汉语的困难。汉外对比是一门新兴的学科，对教学是很有帮助的，正是会外语的同志们大有用武之地的领域。外语本来主要是工具，我们完全可以利用这工具为汉语服务。上面提到的赵元任先生会好几门外语。他的语法著作就是用英语写的。但是他还是汉语教师。中国学术界在学外语方面比较落后。一个非外语教员会一门外语似乎是比较少见而难得的。但是在经济比较发达的国家，会一门外语实在不算什么。作为一个语言工作者，会一门外语更是不可或缺的条件。国外的语言学家不会外语的恐怕没有。很多都是会好几门外语的。所以诸位要担心的不是外语白学了，而是外语不够好的问题。

　　总之对外汉语教学是可以大有作为的学科，问题在于教师们如何对待自己的工作。不论是中文系还是外语系毕业的。只要把心放进去，专心致志，把教学工作搞好，发挥钻研精神，就一定会做出成绩。

（原载《对外汉语教学》1984 年第 4 期）

怀念老友朱德熙

我和朱德熙的交往已有近半个世纪的历史了。那是开始于昆明西南联大时代。北大、清华、南开各大学七十岁以上的同人们，大都有过那么一段经历。昆明还是一个很值得留恋的地方。

我和杨周翰是在那里相识的。我们是当时外语系助教。朱德熙是刚入大学的学生。他似乎是唯一一个学生而进入我们这个年青教员的圈子的。后来我和杨周翰在昆明结的婚，朱德熙和何孔敬也是在那里结的婚。那时候德熙只是我们这圈子里的一员，不一定和我们特别亲密。回北京以后就不同了。

最后三十多年，我们都在北大工作。我们住二公寓。朱德熙住三公寓。后来成立了语言学院，我工作地点变了，住处没变，不记得从什么时候开始，下午五点左右，正是我准备晚饭的时候，朱德熙就来了，即使不是每天，也隔不了两天。他是和我们俩聊天的。他是我们共同的朋友。这时我们极少聊业务，因为杨周翰对汉语语法毫无兴趣。我们也无须求助于业务，因为我们可聊的事是如此之多，真是天南地北，无所不谈。往日的昆明自然也是主题之一。因为我要做晚饭，他还是和周翰聊得多。六点左右我们开始吃饭，并不邀请他参加，他就在旁边看着。对我做的饭菜不时也加以评论。等我们吃完饭，他就走了，回三公寓去吃饭。这重复了无数次的傍晚一个多小时的聚会总是非常愉快，富有风趣，三个人都很感兴趣，成为我们生活的一部分。

如今这一幕中的两个主角都永远消失了。这值得留恋的傍晚一小时再也不会重演，只成为我永生难忘的美好回忆。

（原载《世界汉语教学》1992 年第 4 期）